chamados para dor e alegria

Dados Internacionais de Catalogação na Publicação (CIP)
(Câmara Brasileira do Livro, SP, Brasil)

Fernando, Ajith
  Chamados para dor e alegria : o valor do sofrimento
para a vida cristã / Ajith Fernando ; tradução Carlos Eduardo
de Siqueira Lopes. São Paulo: Vida Nova, 2009.

  Título original: The call joy y pain.
  Bibliografia.
  ISBN 978-85-275-0412-6

  1. Liderança cristã 2. Sofrimento – Aspectos religiosos
Cristianismo I. Título.

08-11272   CDD- 248.2

Índices para catálogo sistemático:

1. Sofrimento : Aspectos religiosos :
   Cristianismo 2482

chamados para dor e alegria

*O valor do
sofrimento
para a
vida cristã*

Ajith Fernando

Tradução: Carlos Eduardo de Siqueira Lopes

VIDA NOVA

Copyright © 2007 Ajith Fernando
Originalmente publicado pela Crossway Books, em parceria com a agência literária Wolgemuth and Associates , sob o título *The Call to Joy and Pain*. Traduzido a partir da edição originalmente publicada em inglês e impresso mediante acordo com a Crossway Books, Wheaton, Illinois, EUA

1a. edição: 2009

Publicado com a devida autorização e com todos os direitos reservados por SOCIEDADE RELIGIOSA EDIÇÕES VIDA NOVA, Caixa Postal 21266, São Paulo-SP, 04602-970
www.vidanova.com.br

Proibida a reprodução por quaisquer meios (mecânicos, eletrônicos, xerográficos, fotográficos, gravação, estocagem em banco de dados, etc.), a não ser em citações breves com indicação de fonte.

ISBN 978-85-275-0412-6

Printed in Brazil / Impresso no Brasil

COORDENAÇÃO EDITORIAL E REVISÃO
Marisa K. A. de Siqueira Lopes

COORDENAÇÃO DE PRODUÇÃO
Sérgio Siqueira Moura

DIAGRAMAÇÃO
Kelly Christine Maynarte

CAPA
Souto Crescimento de Marca

A
Doreen Wirasinha
Sumanth e Manel Wirasinha
Roy e Dilkush Perera
E à memória de
Ronald Wirasinha

Por causa de vocês, "parentesco pelo casamento" é um termo que traz grande alegria, e me faz lembrar de uma das bênçãos mais sublimes de Deus

Sumário

Prefácio 9
Introdução 11

Parte 1
O sofrimento e a alegria são básicos para o cristianismo

1 Dois aspectos básicos do cristianismo 17
2 Um tesouro esquecido 23
3 Momentos de prazer 31
4 Lamento 37
5 Fé e perseverança 43
6 Renúncia 51
7 Não procuramos o sofrimento 57
8 Um ponto cego da teologia? 61

Parte 2
O sofrimento nos aproxima de Cristo

9 A solidariedade no sofrimento 69
10 Imitadores de Cristo 75
11 Motivações puras 81
12 Vergonha e honra 87
13 Solidários com Cristo 93

Parte 3
O nosso sofrimento atua em benefício da igreja

14 O sofrimento e o crescimento da igreja 101
15 Demonstrando o evangelho 107
16 Identificando-se com as pessoas 113
17 Aprofundando nosso impacto 121
18 Sofrimento e credibilidade 127
19 Compromisso gera compromisso 133
20 Evitar compromisso e sofrimento 139
21 O compromisso e uma vida feliz 145

Parte 4
Servos da igreja

22 Ministros e servos 153
23 O serviço nasce da graça 161
24 Nós somos ricos! 169
25 A esperança da glória 175
26 Jesus: a nossa mensagem 181
27 Discípulos não nascem prontos; eles são preparados ... 187
28 A luta para fazer discípulos 197
29 Ele nos dá forças 205

Meditação final

30 Um paradoxo da vida cristã 215

Prefácio

"Participa dos meus sofrimentos como bom soldado de Cristo Jesus" (2Tm 2.3). As palavras de Paulo a Timóteo ecoam até os nossos dias. No entanto, muitos hoje parecem preferir não ouvi-las, destacando da Bíblia textos fora de contexto a fim de defender teologias diferentes do que nos ensina o Evangelho, teologias que concedem ao homem, e não a Cristo, o lugar central.

Mas por que é assim tão difícil aceitar a dor do chamado de Cristo, mesmo sabendo que ela vem acompanhada da incomparável alegria da salvação e da maravilhosa presença do Senhor em nossas vidas? Porque vivemos numa era hedonista, em que a busca do prazer, e não da dor, constitui o objetivo supremo da vida do homem pós-moderno. Uma era em que tudo gira em torno dessa busca: a sociedade de consumo, os padrões de beleza e de sucesso material, o esvaziamento do ser em favor do ter. Por isso é tão mais fácil pregar um evangelho diferente do Evangelho, que fala apenas em sucesso, em prosperidade material, em realização terrena.

Também pela mesma razão é tão importante trazer à igreja no Brasil as palavras de exortação de Ajith Fernando, um servo de Cristo que, assim como Paulo, entendeu plenamente as implicâncias de seu chamado e tomou sua cruz com alegria. Alguém que, ao longo das páginas deste livro, através de seu próprio testemunho e das histórias de muitos outros servos também fiéis, nos relembra que o chamado envolve fidelidade a Deus, e não sucesso aos olhos do mundo; que envolve dor, mas também alegria.

Que possamos, pois, ouvir a exortação de Ajith Fernando, que reproduz, com outras palavras, a mesma mensagem de Paulo em Romanos 12.1-2:

> Portanto, irmãos, exorto-vos pelas compaixões de Deus que apresenteis o vosso corpo como sacrifício vivo, santo e agradável a Deus, que é o vosso culto racional. E não vos amoldeis ao esquema deste mundo, mas sede transformados pela renovação da vossa mente, para que experimenteis qual seja a boa, agradável e perfeita vontade de Deus.

Edições Vida Nova
Janeiro de 2009

Introdução

Agora me alegro nos meus sofrimentos por vós e completo no meu corpo o que resta do sofrimento de Cristo, por amor do seu corpo, que é a igreja, da qual me tornei ministro segundo o chamado de Deus, que me foi concedido para convosco, a fim de tornar plenamente conhecida a palavra de Deus,o mistério que esteve oculto durante séculos e gerações, mas que agora foi manifesto aos seus santos, a quem Deus, entre os gentios, quis dar a conhecer as riquezas da glória deste mistério, a saber,Cristo em vós, a esperança da glória. A ele anunciamos, aconselhando e ensinando todo homem com toda a sabedoria, para que apresentemos todo homem perfeito em Cristo. Para isso eu trabalho, lutando de acordo com a sua eficácia, que atua poderosamente em mim.

Colossenses 1.24-29

A Bíblia frequentemente descreve o sofrimento como um aspecto essencial da vida cristã. Portanto, esse é um tema que também deveria estar presente com frequência em nosso pensamento e comunicação. Contudo, devido à riqueza e ao avanço tecnológico do século vinte e um, muita gente vê o conforto e a comodidade como direitos humanos essenciais. Assim, a mensagem bíblica sobre a essencialidade da cruz tem se transformado em algo culturalmente incompatível com o modo de pensar de muitas pessoas nos dias de hoje. A necessidade de uma reflexão mais profunda sobre a questão tem se tornado mais premente pelo fato de alguns líderes cristãos bastante populares pregarem que não é vontade de Deus que os cristãos sofram. Alguns dizem isso, afirmando que nós não devemos mais suportar este aspecto da maldição, isto é, o sofrimento, uma vez que Cristo já suportou a maldição em nosso lugar. Isso pode sugerir que há alguma coisa muito errada em nossas vidas, se estivermos atravessando um período de sofrimento.

Embora eu tenha discutido a questão do sofrimento na maioria de meus livros, senti — e muitos amigos me sugeriram — que eu deveria escrever um livro somente sobre esse tema. Fiquei feliz com a oportunidade de dar uma atenção maior a esse assunto, em função de um convite de John Piper para falar na Conferência de Pastores Bethlehem, nos meses de janeiro a fevereiro de 2006, sobre o tema "O quanto um pastor tem que sofrer?". Quando o Dr. Dennis Lane e Al Fisher, da Crossway Books, ficaram sabendo dessas palestras, sugeriram que eu as desenvolvesse em forma de livro. Como sempre, é uma alegria trabalhar com o pessoal da Crossway e ter a oportunidade de me beneficiar novamente do talento de Ted Griffin.

Desde a conferência, tenho falado sobre o tema deste livro em muitos lugares. A experiência mais tocante para mim foi ter ministrado a um grupo de pastores do Camboja, no programa Timothy's All. Muitos deles tinham sofrido imensamente durante a época dos campos de extermínio, sob o regime do Khmer Vermelho. Tive a impressão de que este material os ajudou a processar melhor suas experiências, utilizando-se de categorias bíblicas. As discussões naquela ocasião foram tão intensas que tivemos que remarcar as datas das sessões — um dos oradores graciosamente cedeu o seu tempo para que tivéssemos um tempo maior. Estranhamente, mesmo no Camboja, o ensino de que o cristão não deve sofrer parece estar se espalhando.

Durante minha preparação para a Conferência Bethlehem, uma das primeiras decisões que tomei foi seguir a prática bíblica

Introdução

de não falar sobre a dor sem também falar sobre as bênçãos que a acompanham. Uma bênção que acompanha o sofrimento, comumente mencionada no Novo Testamento, é a alegria. A passagem que tomei como base para o trabalho — Colossenses 1.24-29 — apresenta a alegria e a dor lado a lado. Portanto, tomei a decisão de estudá-las em conjunto. Ao longo deste livro vamos tentar provar que alguma coisa de fato está errada, mas não quando os cristãos experimentam o sofrimento, e sim quando eles não têm a alegria do Senhor.

A Bíblia nada diz a respeito de sombrios chamados aos rigores do sofrimento que muitos associam com a cruz. A atitude predominante da Bíblia em relação à dor e ao sofrimento na vida do cristão é positiva. Mesmo no livro de Apocalipse, a realidade das perseguições e do martírio é constantemente colorida pela noção de uma recompensa celestial para os fiéis e de punição para os ímpios.

Minha esperança é que este livro ajude os cristãos a olharem para o sofrimento como algo que deve ser aceito, pois o soberano Senhor entende ser conveniente que eles o suportem. Não devemos procurar o sofrimento, mas quando ele aparecer, devemos olhá-lo através dos olhos da fé. Sem essa abordagem em relação ao sofrimento, não seria possível para nós experimentarmos a alegria que a Bíblia descreve como um aspecto essencial da vida cristã. O grande missionário americano para a Índia, E. Stanley Jones, descreve muito bem essa atitude quando diz: "Não suporte os problemas, use-os. O que quer que aconteça – justiça ou injustiça, prazer ou dor, elogio ou crítica — aceite como propósito para a sua vida e faça alguma coisa com isso. Transforme o fato em um testemunho".[1]

---

[1] E. Stanley Jones, *A Song of ascents* (Nashville: Abingdon Press, 1968), p. 180.

Hoje na igreja nós damos grande importância a uma *terapia* para o sofrimento, mas uma ênfase insuficiente em uma *teologia* do sofrimento, que deve ser a base de toda terapia para o sofrimento. Sem uma teologia adequada a respeito do sofrimento, os cristãos evitam a cruz, afastam-se de seu chamado, e se tornam desnecessariamente infelizes quando enfrentam a dor. Eu creio que este livro ajudará as pessoas a olharem biblicamente para o sofrimento e, ao fazê-lo, as ajudará a serem cristãos felizes e obedientes. Ele não trata de todas as questões relacionadas à teologia do sofrimento, e especialmente não explica o motivo de haver sofrimento no mundo.[2] Mas o livro tenta apresentar uma teologia cristã prática acerca do sofrimento. O material é apresentado sob a forma de trinta pequenas meditações bíblicas, de modo que o livro possa ser utilizado como um guia devocional mensal.

Em nosso trigésimo aniversário de casamento, eu gostaria de expressar meus especiais agradecimentos a Deus pela minha esposa, Nelum. Por seu amor a Deus, ela tem suportado todas as aflições que acompanham o casamento com um obreiro cristão, sobretudo por ser um obreiro cujo chamado muitas vezes torna a vida difícil para ela e cuja fraqueza claramente exige uma grande quantidade de paciência e sabedoria cristã. Também gostaria de agradecê-la por ter lido este manuscrito e por ter feito sugestões valiosas.

---

[2] Eu tentei fazer isso de forma resumida no livro *The Supremacy of Christ* (Wheaton, IL: Crossway Books, 1995; Londres: Hodder & Stoughton, 1977; Secunderabad, Índia: OM Books, 2005), Capítulo 14, "The Cross and the Problem of Pain" e em *After the Tsunami* (edição em inglês: *After the hurricane*), Discovery Booklets (Grand Rapids, MI: RBC Ministries). Veja também o DVD provisoriamente intitulado *The God of Pain and the God of Joy*, Day of Discovery (Grand Rapids, MI: RBC Ministries, 2007).

O sofrimento e a alegria são básicos para o cristianismo

Agora me alegro nos meus sofrimentos por vós
Colossenses 1.24a

Parte 1

Capítulo um

Dois aspectos básicos do cristianismo

Após a morte de sua esposa, Paul Tournier, considerado o pai do aconselhamento cristão contemporâneo, escreveu um livro intitulado *Creative Suffering*. No livro ele mostra como o sofrimento pode ser um gatilho para a intensa criatividade. Ele fala sobre a tristeza por que passou com a morte de seu pai, quando tinha dois anos de idade, e a de sua mãe, quando tinha cinco, e mais tarde com a morte da esposa. Ele diz: "O coração humano não obedece às regras da lógica: ele é constitucionalmente contraditório. Eu posso dizer sinceramente que tenho uma grande dor e que sou um homem feliz".[1]

A declaração de Tournier coloca diante de nós a premissa básica deste livro. Tanto a alegria quanto a dor são características essenciais do cristianismo. A declaração do apóstolo Paulo no início da seção, e que estamos utilizando como base para este livro (Cl 1.24), faz a mesma afirmação: "Agora me alegro nos meus sofrimentos por vós".

O CHAMADO PARA A ALEGRIA

Grandes pensadores cristãos como C. S. Lewis e John Piper têm enfatizado que a alegria é a principal característica de um

---

[1] Paul Tournier, *Creative Suffering*, (Londres: SCM Press, 1982), p.160.

cristão. Nós podemos não perceber este fato, mas o tema da alegria permeia o Antigo Testamento. Há vinte e duas diferentes palavras hebraicas para alegria no Antigo Testamento. Eu li em algum lugar que o hebraico é a língua que tem o maior número de palavras para alegria. Somente em dois versos de Sofonias (3.14, 17) sete diferentes palavras para alegria podem ser encontradas! O Antigo Testamento possui vários apelos e mandamentos para que o povo se alegre. Eu usei uma concordância bíblica para procurar quantas vezes o verbo regozijar foi usado em apelos e decisões para se alegrar, bem como em relatos de júbilo por parte de Deus e de seu povo. Encontrei oitenta e uma referências. Os Salmos com trinta e uma referências, Isaías com treze, e Deuteronômio com dez encabeçam a lista. Podemos encontrar também alguns instrumentos musicais no Antigo Testamento, que eram utilizados principalmente para expressar alegria. Os fiéis eram estimulados a baterem palmas para demonstrar sua alegria (Sl 47.1). Os Salmos falam de gritos de alegria e mencionam cânticos por várias vezes. Nós sabemos que cânticos normalmente são expressões de alegria. Os cânticos e a alegria aparecem juntos por diversas vezes nos Salmos. Também havia uma sucessão de festas no calendário judaico. Essas festas geralmente se dedicavam a expressar a alegria do povo. Fica claro, assim, que a alegria e a sua expressão são aspectos importantes no Antigo Testamento.

O mesmo é verdade para o Novo Testamento. A primeira proclamação do nascimento de Cristo pelos anjos foi descrita como "E os pastores voltaram glorificando e louvando a Deus por tudo o que tinham visto e ouvido" (Lc 2.20). Mateus é enfático em sua descrição da resposta dos magos, ao verem o menino Jesus: "Ao verem a estrela, os magos ficaram extremamente alegres" (Mt 2.10). Com essa experiência ainda mais acentuada de salvação no Novo Testamento do que no Antigo Testamento, podemos ver que a alegria da salvação tem um lugar importante na Bíblia. Podemos ver isso nas três parábolas de salvação em Lucas 15, onde o fato de encontrar a ovelha perdida, a moeda perdida e o filho perdido é acompanhado de grande alegria e celebração (Lc 15.6-7, 9-10, 20-24). A descrição do pai, um velho homem rico, vestindo um longo manto, fazendo algo totalmente inesperado — ou seja, correndo, lançando-se nos braços do filho pródigo e o beijando — é para mim uma das mais emocionantes passagens da Bíblia. Mas ela não termina com isso. O pai reuniu seus amigos e celebraram juntos a volta do filho, com festa, música e dança.

Os membros da primeira igreja em Jerusalém se reuniam em suas casas e "comiam com alegria e simplicidade de coração" (At 2.46). E quando a salvação alcançou uma cidade em Samaria: "houve grande alegria naquela cidade" (At 8.8). Mais tarde Paulo colocaria a alegria logo após o amor em sua lista do fruto do Espírito (Gl 5.22). Escrevendo da prisão, ele instruiu os cristãos a se alegrarem e repetiu sua instrução para enfatizá-la: "Alegrai-vos sempre no Senhor; e digo outra vez: Alegrai-vos!" (Fp 4.4). Em uma passagem em que dava instruções sobre a controvérsia da lei na dieta da igreja, Paulo, querendo colocar a ênfase onde ela deveria estar, disse: "Porque o reino de Deus não consiste em comer e beber, mas em justiça, paz e alegria no Espírito Santo" (Rm 14.17).

A salvação é uma bênção tão maravilhosa que o que quer que passemos, sempre teremos razão para nos alegrar. Um dos maiores pregadores do início da Igreja Metodista foi um mineiro de Cornwall, Billy Bray (1794-1868), que tinha sido um alcoólatra e um homem imoral antes de sua conversão. Sua maior alegria era saber que Deus o salvara e fizera dele "um filho do Rei". Sua vida era um ato incessante de alegre louvor a Deus, e ele sentia que a alegria da salvação era tão grande que deveria ser expressa. Ele dizia:

Às vezes eu danço. Por que não deveria dançar como Davi? Davi, você diria, era um rei; bem, louvado seja Deus! Eu sou um filho do Rei! Eu tenho o mesmo direito que teve Davi. Louvado seja Deus! Às vezes eu fico muito contente, minha alma se enche de glória, e então eu danço também![2]

Fica evidente que para Billy Bray a alegria era a principal característica do cristianismo. Trabalhar com mineração era um negócio perigoso, e sempre havia a possibilidade de morrer soterrado em uma das minas. Ele pedia a seus companheiros que fizessem uma oração antes de descerem para os túneis. Eles lhe pediam e ele dirigia a oração: "Senhor, se alguém de nós tiver que morrer, que seja eu; não permita que nenhum deles morra, pois eles não são felizes, mas eu sou, e se eu tiver que morrer, eu vou para o céu". Bray dizia: "Quando eu me colocava de pé, eu podia ver as lágrimas escorrerem pelos seus rostos; e logo alguns deles também se tornaram homens de oração".[3] Quão fácil é ficarmos sofisticados em relação ao cristianismo e acabarmos perdendo a alegria da salvação de que a Bíblia fala!

O CHAMADO PARA O SOFRIMENTO

Usaremos grande parte deste livro analisando textos que mostram o chamado cristão para a dor e o sofrimento. Gostaria simplesmente de afirmar agora que isto também é um

---

[2] F. W. Bourne, *Billy Bray: The King's Son* (Londres: Epworth Press, 1937), p. 46.
[3] Ibid., p. 23.

aspecto básico do cristianismo. O chamado básico de Jesus para quem quisesse segui-lo era um chamado para o sofrimento: "Se alguém quiser vir após mim, negue-se a si mesmo, tome a sua cruz e siga-me" (Mt 16-24). Seus ouvintes sabiam que ele estava falando de um sofrimento bastante severo quando ele disse isto, pois eles sabiam que a crucificação era cruel e uma maneira dolorosa de causar a morte. Jesus nos disse: "No mundo tereis tribulações" (Jo 16.33). E Paulo declarou: "Na verdade, todos os que querem viver uma vida piedosa em Cristo Jesus sofrerão perseguições." (2Tm 3.12).

Jesus não queria que as pessoas o seguissem sem perceber que havia um custo em fazê-lo. Assim, ele incluiu esse custo em seu chamado ao discipulado. Quando alguns de seus futuros discípulos se apresentaram como voluntários, ele apresentou a eles o custo em pontos onde eles eram vulneráveis (Lc 9.57-62). Não nos é dito, mas é possível que muitos deles tenham desistido de seguir a Jesus. Sabemos com certeza que o jovem rico não seguiu a Cristo, pois o custo apresentado por Jesus era muito alto para ele (Mt 19.16-22). Essas duas passagens podem ser as seções onde a metodologia evangelística de Cristo difere mais radicalmente de muitas metodologias evangelísticas contemporâneas.

ALEGRIA E SOFRIMENTO ANDAM JUNTOS

Uma das coisas mais interessantes no relato do Novo Testamento é que o sofrimento dificilmente é mencionado sem estar acompanhado da menção às bênçãos do sofrimento. E freqüentemente a bênção mencionada é alegria. Eu fui capaz de encontrar dezoito lugares diferentes no Novo Testamento onde sofrimento e alegria estão juntos. Os textos que encontrei e que fazem esta conexão entre sofrimento e alegria estão nos evangelhos, no livro de Atos, e nas epístolas. Nós também sabemos que, embora o Apocalipse não mencione esta conexão explicitamente, ela está implícita no livro.

Assim, de acordo com a Bíblia, alegria e sofrimento coexistem. Os cristãos não falam de sofrimento a não ser que também falem da alegria proveniente do sofrimento. É a alegria que faz a cruz valer a pena, pois a alegria nos fortalece para suportar a cruz. Como dizia Neemias: "pois a alegria do SENHOR é a vossa força." (Ne 8.10).

Certa vez ouvi David Sitton, o fundador do ministério *To Every Tribe Mission*, contar que quando ele era um adolescente, um missionário de noventa anos pregou para o grupo de jovens de sua igreja. Ele tinha sido missionário por setenta e dois anos. No início de sua pregação, ele começou a repetir as mesmas coisas por diversas vezes. Era alguma coisa como: "Eu quero que vocês se lembrem disso. Vocês podem se esquecer de tudo que eu estou falando, mas não se esqueçam disto". Ele continuou dizendo isso por quase vinte minutos, até o ponto em que os jovens começaram a ficar impacientes, desejando que ele fosse em frente. Finalmente ele disse o que queria dizer: "A alegria do Senhor é a vossa força. Quando a alegria se vai, a força também se vai". Tendo dito isso, ele se sentou.

Esta é a afirmação básica deste livro. Alegria e sofrimento são aspectos necessários do cristianismo, que podem e devem existir juntos.

Capítulo dois

Um tesouro esquecido

Por muitos anos pensei que um dos grandes atrativos do cristianismo fosse a alegria que a salvação trazia. Hoje tenho minhas dúvidas sobre isso, pois comecei a perceber que muitas pessoas estão dispostas a sacrificar a alegria para obter outras coisas que pensam ser essenciais para suas vidas.

SATISFAÇÃO *VERSUS* ALEGRIA

Parece que as pessoas não têm mais gosto pela alegria e que elas preferem o sucesso nos esportes, em suas carreiras, nas conquistas sexuais, na prosperidade material ou na vingança contra alguém que as tenha ferido.

No Sri Lanka, o impulso pela vingança é um dos grandes desafios que enfrentamos, quando trabalhamos com pessoas de outras religiões que ganhamos para Cristo. Se alguém desonra sua família, espera-se que essa pessoa se vingue. Se não o fizer, ela é vista como covarde ou como alguém que insultou a honra da própria família. É comum observamos líderes locais exercendo forte pressão sobre novos convertidos, a fim de mostrar que estão certos e a organização missionária ou a igreja está errada, quando não concordam com eles. Nós vemos cristãos que foram insultados por outro cristão fazendo de tudo para expor as faltas da pessoa que os insultou. Esses esforços podem afastar a alegria e inflamar o ódio em seus corações. Mas eles não conseguem resistir à tentação de se empenhar para sentir a satisfação de alcançar a vingança.

Talvez a maior expressão dessa procura por satisfação ao custo da alegria seja o vício. Embora as pessoas saibam que as drogas, a pornografia ou o jogo acabarão com sua alegria e com a alegria daqueles que as amam, elas não conseguem se livrar do vício. Elas sacrificam muito por um prazer vazio. E a satisfação em obter a coisa que precisam é até mais importante para elas do que a própria felicidade.

Eu acredito que a razão disso está no fato de que as pessoas não conhecem de fato o quão maravilhosa é a alegria. Não tendo experimentado a alegria plena, elas se satisfazem facilmente com a falsa satisfação trazida por essas outras atividades. Em nossa cultura do prazer o chamado do salmista é certamente relevante: "Provai e vede que o SENHOR é bom. Bem-aventurado o homem que nele se refugia!" (Sl 34.8).

O QUE VEM A SER A ALEGRIA DO SENHOR?

Nós podemos descrever a alegria que o evangelho traz como "a alegria do SENHOR" (Ne 8.10) ou como a alegria no Senhor (Fl 4.4). Essa alegria tem como base algumas grandes verdades que sustentam nossas vidas.

- ◆ Nós cremos em Deus.
- ◆ Nós cremos que ele nos ama e que em amor ele entregou seu Filho para que morresse por nós.
- ◆ Nós cremos que ele nos tornou seus filhos, que cuida de nós e é por nós e que, portanto, ninguém será contra nós.
- ◆ Ele vive em nós, afastando nossa solidão.
- ◆ Ele transforma as coisas ruins que acontecem conosco em coisas boas.

- Ele nos ama e esse amor supera qualquer crueldade que possamos experimentar na vida; ele é capaz de nos confortar e nos curar quando somos feridos.
- Ele preparou para nós uma herança, que receberemos após esta vida, e que é mais maravilhosa do que qualquer coisa que possamos imaginar.

Essas maravilhosas verdades e muitas, muitas outras são a base sobre as quais construímos nossa vida. Elas abrem caminho para um relacionamento amoroso com Deus. Ainda que esse relacionamento seja essencialmente um relacionamento de amor que se deriva da experiência, ele se baseia nesta lista de verdades imutáveis, objetivas. Nós podemos nos agarrar a elas quando nossa vida parecer sombria.

Amor é a palavra de nosso vocabulário que mais retrata essa felicidade. Eu estava fora da cidade no dia de meu último aniversário e só cheguei de viagem à noite. Quando fui para o meu quarto, havia um cartão enorme sobre a minha escrivaninha. Costumo fazer eu mesmo os cartões de aniversário para as pessoas da família. Minha esposa já prefere comprá-los, mas sempre fica em dúvida se comprou aquele que continha as palavras apropriadas. As palavras deste cartão, porém, descreviam maravilhosamente bem o nosso relacionamento. Fiquei muito emocionado! Eu me sentei e comecei a pensar no fato de que, mesmo após trinta anos de casados, minha esposa ainda me amava. Subitamente ficou claro para mim que o amor de Deus é muito, muito maior. Davi assim o descreve: "Tu me farás conhecer o caminho da vida; na tua presença há plenitude de alegria; à tua direita há eterno prazer" (Sl 16.11). Com certeza a experiência que Davi descreveu não descreve o modo como nos sentimos constante. Mas esta experiência nasce de uma profunda e imutável realidade que sustenta nossa vida, ou seja, que o Deus poderoso nos ama e cuida de nós. Portanto, podemos fazer nossas as palavras de Habacuque 3.17-18:

Ainda que a figueira não floresça, nem haja fruto nas videiras; ainda que o produto da oliveira falhe, e os campos não produzam mantimento; ainda que o rebanho seja exterminado do estábulo e não haja gado nos currais; mesmo assim, eu me alegrarei no SENHOR, exultarei no Deus da minha salvação.

Meu melhor amigo morreu de câncer em 2005. A última vez que foi internado estava sentindo uma dor intensa. Ele gradualmente entrava em um estado de inconsciência. Uma das últimas coisas que ele me disse foi que alguém certa vez lhe tinha dito: "Eu cheguei ao fundo do poço, e lá encontrei a rocha sólida!" Deuteronômio 33.27 diz: "O Deus eterno é a tua habitação, e os braços eternos te sustentam".

Mesmo que passemos por decepções, dor ou estresse, sabemos que Deus está conosco, e que ele prometeu transformar essas duras experiências em algo bom. Isso nos dá grande alívio em meio à dor.

No início de nosso casamento, minha esposa e eu combinamos que jamais dormiríamos se houvesse algum tipo de tensão entre nós. Nessa época tivemos interessantes "brigas de amor"[1] que se arrastavam pela noite. Mas quando chegávamos a um acordo, ele era doce. Eu até poderia ir trabalhar na manhã seguinte com os olhos vermelhos por uma noite mal dormida, mas me sentindo aliviado em saber que as coisas estavam em ordem com aquela que eu amo. Durante aquelas discussões eu desenvolvi o hábito de orar com o coração, enquanto conversava

---

[1] Essa frase foi dita por David Augsburger em *Caring Enough to Confront: The Love-Fight* (Glendale, CA: Regal Books, 1973).

com minha mulher. E normalmente a oração se parecia com algo do tipo: "Por favor, Senhor — por favor, Senhor — por favor, Senhor — nos ajude".

Que alívio era saber que Deus estava exatamente ali, quando atravessávamos uma crise. Isso afastava qualquer temor e nos capacitava a encontrar uma solução, além de impedir que agíssemos de maneira excessivamente áspera. Nós até podíamos chorar interiormente, podíamos nos ferir com as injúrias que recebíamos, mas bem lá no fundo sabíamos que Deus estava conosco e que ele era, como ainda é, a fonte de nossa alegria. As pessoas mais felizes do mundo não são aquelas que não têm problemas: são aquelas que não têm medo de enfrentá-los.

A VERDADEIRA LIBERTAÇÃO

Que libertação Deus nos traz! Ele nos liberta da escravidão do medo. Passamos a ter algo mais confiável do que meras experiências volúveis. Nossa vida passa a se basear em verdades imutáveis que nos permitem um relacionamento repleto de amor com um Deus imutável. Não é de se admirar que Jesus tenha dito: "e conhecereis a verdade, e a verdade vos libertará." (Jo 8.32). E ele continuou a dizer: "Se, pois, o Filho vos libertar, verdadeiramente sereis livres." (Jo 8.36).

As pessoas pós-modernas dizem que querem se libertar da tirania da verdade objetiva que, segundo elas, tem privado o ser humano da autêntica experiência. Com isso pretendem colocar o foco nas experiências subjetivas de seus próprios instintos. Nós não negamos a prioridade da experiência. Na verdade, até afirmamos que a experiência é básica ao cristianismo. Se tivéssemos dado às pessoas a impressão de que o cristianismo é baseado somente em um monte de proposições, teríamos lhes dado uma idéia errada. Por certo que o cristianismo se baseia nas proposições encontradas na Bíblia. Mas essas proposições, por sua vez, abrem as portas para autênticas experiências que nos permitem verdadeiramente compreender nossa humanidade. Essa experiência que temos não é uma coisa tediosamente previsível, o que, como diriam uma vez mais nossos críticos, seria a prova de que não somos verdadeiramente livres. As diferentes maneiras de as pessoas aceitarem a Cristo e as variadas experiências que elas têm já seriam suficientes para nos convencer de que nada há de tediosamente previsível sobre o cristianismo. Por exemplo, a Bíblia diz que em nossa experiência de receber os dons do Espírito, Deus dá a cada cristão um único dom. Paulo utiliza duas expressões fortes — distribuição (1Co 12.11) e a expressão "conforme a medida" (Ef 4.7) — para dizer que Deus dá uma combinação de dons especificamente destinados a cada membro. Cada cristão possui seu nicho. É claro, aqueles que não se submetem ao senhorio de Deus dirão que querem ter liberdade para escolher as experiências que quiserem. Nós, entretanto, dizemos que a verdadeira liberdade está no fato de que o Deus que nos criou nos dá aquilo que é melhor para nós.

Um aspecto antes negligenciado da religião bíblica, mas que os evangélicos vêm adotando por causa da ênfase pósmoderna na experiência, é que às vezes Deus nos envia uma experiência que abre a porta para que aceitemos uma proposição. Pedro, por exemplo, somente após ter tido uma visão aceitou a importante proposição de que em Cristo há a quebra da barreira que separava judeus e gentios. Essa seqüência na qual uma experiência leva à aceitação de uma proposição aconteceu a vários estudiosos cristãos liberais, que alteraram sua orientação teológica para uma visão mais bíblica ou mais evangélica, depois de terem tido uma experiência carismática ou de presenciarem um milagre realizado por Deus. Uma estudiosa do Novo Testamento e veemente defensora da teologia liberal, Etta Linnemann, que foi professora na Alemanha e uma estimada aluna do famoso estudioso Rudolf Bultmann, é um clássico exemplo disso. Ela escreveu um livro no qual explicava sua jornada do ceticismo à crença na autoridade da Escritura.[2] Mas mesmo aqui, embora uma pessoa venha a aceitar a verdade por meio de uma experiência, as proposições bíblicas aceitas são básicas.

Todas essas experiências, mesmo as vividas por cristãos, são rodeadas por incertezas nas quais ninguém pode se fiar, pois são fatores que dependem das circunstâncias. O que é imutável, mesmo diante das circunstâncias mutáveis, é a realidade que está por trás dessas experiências. Nossa experiência é baseada em verdades imutáveis que nos levam a um relacionamento repleto de amor com um Deus imutável.

Que boa notícia num mundo caracterizado por tantas incertezas! C. S. Lewis, no seu livro *Reflections on the Psalms* [*Reflexões nos Salmos*], tem uma bela seção em que trata da seguinte questão: Por que os salmistas se alegravam tanto na Lei? Na versão em que ele se baseou — a *English Standard Version* — os salmistas dizem doze vezes que se alegram na Lei ou na Palavra. Lewis diz que para ele é um mistério o fato de as pessoas poderem se alegrar de tal maneira na Lei.[3] É possível imaginar que as pessoas temessem a Lei ou respeitassem a Lei. Mas como elas podiam sentir prazer ou se alegrar na Lei? Após investigar

---

[2] Etta Linnemann, *Historical Criticism of the Bible: Methodology or Ideology?* Tradução: Robert W. Yarbrough (Grand Rapids, MI: Barker Book House, 1990).

[3] C. S. Lewis, *Reflections on the Psalms* (New York: Harcourt Brace and World Inc. 1958), p. 55.

as possíveis razões para isso, Lewis conclui: "Seu deleite na lei é o deleite de ter tocado em algo sólido, firme; como o deleite do pedestre ao sentir o solo firme do caminho sob seus pés, depois de um falso atalho tê-lo levado por trilhas lamacentas". [4]

Eu senti isso uma vez, quando estava esquiando com amigos nas montanhas. Nós decidimos pegar um atalho e nos perdemos. No caminho encontramos excrementos de um porco selvagem, o que muito nos amedrontou. Mas continuamos naquele que nos parecia o caminho que levava para a cidade. Então encontramos uma estrada, fato que muito nos aliviou e alegrou!

Com base nessa segurança, nessa confiança, estamos livres para apreciar o máximo da vida. Sabemos que até os problemas serão transformados em algo bom, pois são portas que conduzem à alegria. O mundo não conhece tal alegria, e por isso caminha em busca de uma emoção vazia chamada prazer ou satisfação. Mas esta não é uma satisfação ou um prazer real. C. S Lewis diz: "A alegria não é um substituto para o sexo, mas o sexo freqüentemente é um substituto para a alegria. Às vezes me pergunto se todos os tipos de prazer não são meros substitutos para a alegria". [5] Nosso problema é que nos satisfazemos com muita facilidade.

Enfim, gostaríamos de que se convencessem de uma coisa: a alegria do Senhor é mais profunda, mais confiável e mais satisfatória do que os prazeres que as pessoas buscam longe da presença de Deus.

---

[4] Ibid., p. 62.
[5] C. S. Lewis, *Surprised by Joy: The Shape of my Early Life* (New York: Harcourt Brace Jovanovich, 1960), p. 170. Essa obra foi publicada em português pela Editora Mundo Cristão sob o título *Surpreendido pela Alegria*.

Capítulo três

Momentos de prazer

Um importante aspecto do ritmo que marca a experiência humana é o que podemos chamar de momentos de prazer. Diferentes pessoas experimentam isso de diferentes maneiras. Alguns frequentam festas nos fins de semana, pelas quais esperaram ansiosamente a semana inteira. Em momentos especiais, tais como depois de provas ou no encerramento do ano letivo, as pessoas mais jovens frequentemente consomem grandes quantidades de bebidas alcoólicas. Alguns encontram prazer nos esportes ou nos hobbies, tanto assistindo quanto participando deles. Outros procuram esses momentos em vários tipos de experiências sexuais. Alguns desses momentos de prazer são bons para nós, tais como as relações sexuais entre o marido e a esposa, uma boa música ou a prática de esportes. Outros são prejudiciais.

A Bíblia também tem lugar para esses momentos de prazer. A vida cristã segue um ritmo em que os momentos de êxtase ou de prazer são importantes bônus para a disciplina diária de uma vida comum. Deus nos criou com capacidade para sentir êxtase ou prazer e espera que a utilizemos.

Na vida de uma pessoa casada, tal êxtase pode ser resultado de uma relação sexual. É uma experiência que dá expressão à união física, mental e espiritual que é parte da vida diária de um casal. O Antigo Testamento prescrevia uma série de festas regulares para o povo judeu, e em algumas delas a maior parte da agenda era voltada para a celebração. A celebração era em agradecimento pelas provisões de Deus, um fato que era verdadeiro a cada dia de suas vidas. Tais festas celebravam isso de uma maneira especial, pois não é algo que possamos fazer com intensidade todos os dias. As relações sexuais entre um casal e as festas celebradas pelo povo judeu não trazem alegria; eles apenas dão expressão a uma alegria que já se encontra ali. Assim, o prazer do cristão é um complemento à alegria, não seu substituto.

A Índia teve um grande evangelista chamado Sadhu Sundar Singh (1889-1929). Ele era de uma devotada família sikh, e como todo jovem, deveria ir para as montanhas e meditar, utilizando as disciplinas sikh e hindu. "Ele dominou as técnicas da Yoga e ignorou o mundo exterior por determinado tempo. Durante esse tempo ele experimentou de certa forma a paz e a alegria que sua alma almejava. Mas quando retornou à consciência, ele mergulhou novamente no tumulto da agitação e do descontentamento".[1] Ele fez violenta oposição ao cristianismo, pisoteou Bíblias e atirou barro nas residências dos missionários. Mas estava em uma busca desesperada pela *shanthi* ou paz.

Não encontrando a *shanthi*, Sundar Singh decidiu se matar, postando-se sobre os trilhos de um trem matinal que passava perto de sua casa. Pouco antes de se dirigir para a linha do trem, ele teve uma visão de Cristo e se converteu. E não apenas se tornou um grande evangelista: ele se tornou um mestre das disciplinas cristãs. Agora ele encontrara a *shanthi* que tanto havia procurado nas disciplinas espirituais não cristãs. Ele não desistiu de ter experiências extáticas. Mas agora essas

---

[1] A. J. Appasamy, *Sundar Singh: A Biograph* (Madras: Christian Literature Society, 1966), p. 19.

experiências são relacionadas ao Deus que desceu ao fundo do vale com ele, quando voltou de sua experiência extática nas montanhas. Sundar Singh disse certa vez: "Sem Cristo, eu sou como um peixe fora d'água; com Cristo eu me encontro em um oceano de amor". Isso é o que Cristo faz conosco. Ele não apenas nos proporciona experiências como essa, mas também permanece conosco e nos dá paz e alegria por toda a nossa vida. Ele responde aos profundos anseios de nossos corações.

Eu trabalho para a organização missionária "Jovens para Cristo", onde nos comprometemos a proporcionar aos jovens momentos de grande diversão. Eu frequentemente digo que levamos muito a sério a diversão em nosso ministério, e isso tem origem em uma teologia do prazer. O Deus que criou a nossa capacidade para o divertimento é aquele que pode nos dar a mais gratificante experiência de prazer. Dessa forma, o riso e a diversão podem ser considerados uma atividade religiosa que acontece na companhia de Deus.

Eu penso que o melhor exemplo de um estímulo vazio que não traz a verdadeira satisfação está no modo como muitos buscam o prazer sexual atualmente. Para o cristianismo, o sexo é o auge de uma unidade física, emocional e espiritual. Com o tempo, ele se torna mais profundo e agradável em função dessa unidade. Hoje o sexo se tornou uma mera necessidade biológica para muitas pessoas. Elas olham para o sexo como uma necessidade que precisa ser satisfeita, não importando se dentro ou fora do casamento. Algumas pessoas chegam a defender que a forma mais pura e sublime acontece quando duas pessoas que não se conhecem praticam sexo como um ato puramente físico, e depois vai cada uma para o seu lado. Elas não se importam nem mesmo em saber o nome da outra. Mas nós fomos criados para o amor baseado no compromisso, e é nesse amor que encontramos satisfação. Estudos recentes têm demonstrado que pessoas casadas apreciam muito mais o sexo do que os casais que apenas moram juntos.[2] Supõe-se que o sexo deva ser acompanhado por um longo compromisso de vida entre o casal. Sem esse compromisso, o sexo não se sustenta. Sem a alegria do Senhor, *nenhuma* forma de prazer se sustenta. O prazer acaba pouco tempo depois que a experiência tiver terminado.

Deixe-me dizer uma coisa: precisamos desenvolver um ritmo de vida que inclua momentos de prazer para evidenciar nossas experiências diárias de alegria. As famílias precisam trazer esses momentos para o seu cotidiano. Os pais devem se assegurar de que o lar seja um lugar de paz e alegria, onde seus filhos possam crescer felizes. Eles precisam abrir espaço para que haja frequentemente esses momentos especiais de diversão, como jogos, férias, jantares ou almoços especiais e celebrações.

Contudo, ainda que a alegria seja algo absolutamente essencial para uma vida realizada, esses momentos de prazer podem faltar, quando as circunstâncias assim o exigirem. A doença de um dos cônjuges pode tornar impossível a relação sexual. Pessoas solteiras não passarão por tais experiências. A necessidade de visitar um amigo que está doente pode fazer com que você perca um jogo pelo qual esperava ansiosamente. Contudo, mesmo sem isso, os cristãos podem ser pessoas realizadas, pois a fonte básica de sua realização repousa em outro lugar. Quando não se tem alegria como parte da vida diária, depende-se muito mais de momentos de prazer para alcançar a realização. E, quando isso não acontece, a pessoa se sente infeliz. Mesmo o período de férias pode se tornar um momento

---

[2] Veja Steven Tracy, "Chastity and the Goodness of God: The Case for Premarital Sexual Abstinence", *Themelios*, Vol. 31, (January 2006), p. 54-71.

de estresse para muitas famílias, pois esperam por isso com tamanha expectativa que, quando alguma coisa não dá certo, todos podem ficar desapontados e desanimados.

Assim, nos dias de hoje precisamos mostrar para as pessoas que coisa maravilhosa é a alegria. Temos que mostrar como é a verdadeira alegria e que a liberdade, que nasce da submissão ao compromisso de um relacionamento permanente com Deus e com o cônjuge, é uma experiência incomparável. Precisamos mostrar que nós também temos momentos de verdadeiro prazer. Então, as pessoas, em sua louca busca pelo prazer neste mundo hedonístico, vão perceber que aquilo que procuram somente pode ser encontrado no modo de vida ordenado por seu Criador.

Capítulo quatro

Lamento

Tendo visto como dor e alegria coexistem na vida cristã, é tempo de apresentar três coisas de que normalmente precisamos, antes que possamos experimentar alegria em meio à dor. A primeira delas, sobre a qual falaremos neste capítulo, não é absolutamente essencial o tempo todo, mas as outras duas são. A primeira é o lamento. Os cristãos não precisam negar a dor. Em algum momento de suas vidas, todos os cristãos experimentam a dor, o desânimo, a tristeza, a raiva pelas coisas erradas e os infortúnios que os afetam. De nada adianta negar esses sentimentos. Antes de nos alegrarmos em meio à dor frequentemente precisamos chorar, lamentar ou expressar nossa dor de alguma maneira, isto é, colocar para fora os nossos sentimentos.

Na teologia existe uma expressão, *já e ainda não*, que descreve a presente era em que vivemos. O Antigo Testamento aguardava a era por vir, uma era que *já* teve início com a vinda de Cristo. Entretanto, ela *ainda não* chegou ao fim. A obra de Cristo será consumada quando ele vier novamente. Até então, nós experimentaremos uma antecipação dos aspectos dessa nova era, embora ainda existam muitas características da antiga era.

Essa teologia é muito bem explicada em Romanos 8.19-25. Paulo diz que devido à queda, Deus sujeitou a criação "à inutilidade [ou frustração, NVI]". Por isso é que ficamos doentes e sentimos nossas habilidades diminuírem com a idade e, por fim, morremos. Também sofremos por causa do comportamento de pessoas que nos desapontam ou prejudicam, e muitas vezes também nos ferem. Assim, nós esperamos pelo dia quando "a própria criação seja libertada do cativeiro da degeneração, para a liberdade da glória dos filhos de Deus" (v. 21). Até lá teremos "os primeiros frutos do Espírito" (v. 23) nos dando uma antecipação da glória que nos espera na consumação. Durante esse período de espera, Paulo diz que "toda a criação geme e agoniza até agora" (v. 22). Até os fiéis se juntarão a esse gemido "e não somente ela (a criação), mas também nós, que temos os primeiros frutos do Espírito, também gememos em nosso íntimo, aguardando ansiosamente nossa adoção, a redenção do nosso corpo." (v. 23).

Esse gemido encontra expressão no Antigo Testamento onde é chamado de lamento, clamor ou mesmo pranto. Os estudiosos classificam entre cinquenta e sessenta dos cento e cinquenta salmos como de lamento — um pouco mais de um terço de todos os salmos. Um dos livros da Bíblia, Lamentações, é composto por uma série de lamentos resultantes da destruição de Jerusalém. Na verdade, "todos os livros proféticos, com exceção de Ageu, contêm um ou mais exemplos do gênero lamento".[1] Clinton McCann salienta que embora no livro de Salmos o número de salmos de lamento supere em muito o de salmos de louvor, no hinário presbiteriano,[2] os cânticos de

---

[1] *The New International Version Study Bible Notes*, Pradis CD-ROM: Lamentations.

[2] J. Clinton McCann, *A Theological Introduction to the Book of Psalms: The Psalms as Torah* (Nashville: Abingdon Press, 1993), p. 85; citado em Nancy J. Duff, "Recovering Lamentation as a Practice n the Church", in: Sally A. Brown e Patrick D. Miller, eds., *Lament: Reclaiming Practices in Pulpit, Pew and Public Square* (Louisville: Westminster John Knox Press, 2005), p. 4.

louvor superam em número, dezesseis contra seis, os cânticos de lamentos. Eu acredito que essa diferença seja ainda maior nos hinários contemporâneos. O lamento é o pranto dos justos que, apesar de sua fé, atravessam períodos de grande sofrimento. Chris Wright, estudioso do Antigo Testamento, descreve o conteúdo de um lamento bíblico com essas palavras: "Meu Deus, eu estou sofrendo; todos riem de mim. Ó Deus, o Senhor não está ajudando muito; por quanto tempo isso vai continuar?".[3] Assim nós choramos, lamentamos e gememos por causa da dor, perguntamos por que esse problema tinha que acontecer justamente conosco, e nos debatemos com os questionamentos teológicos que temos acerca daquilo que nos aconteceu.

Mas essa idéia de lamento é um pouco estranha para certas culturas, especialmente para os homens. Na Bíblia, porém, encontramos tanto homens quanto mulheres lamentando. Até mesmo Jesus lamentou por Jerusalém (Lc 13.34-35) e mais tarde chorou por ela (Lc 19.41). E também sabemos como ele chorou quando foi à sepultura de Lázaro (Jo 11.35). Falando a seus discípulos sobre a aproximação de sua morte e ressurreição, ele disse: "Em verdade, em verdade vos digo que chorareis e vos lamentareis, mas o mundo se alegrará. Ficareis tristes, porém a vossa tristeza se transformará em alegria" (Jo 16.20).

Enquanto eu tentava pensar biblicamente sobre como os cristãos deveriam reagir ao tsunami que assolou o Sri Lanka em 2004, percebi que não temos o hábito de lamentar, como faziam as pessoas nos tempos bíblicos, quando um desastre atingia a nação. Duas semanas após o tsunami eu preguei na

---

[3] Chris Wright, "Personal Struggle and the Word of Lament", in: *Truth on Fire: Keswick Ministry 1998*, ed. David Porter (Carlisle, Cumbria, UK: OM Publishing, 1998), p. 29.

igreja da minha cidade natal, e lá introduzimos um ritual de lamento, chorando por tudo aquilo que tinha acontecido, nos identificando com o sofrimento de nosso povo e rogando a Deus para que trouxesse alívio para as pessoas. Se os rituais coletivos de lamento não fazem parte da vida de nossas comunidades, seria muito bom restaurar essa prática na igreja, pois certamente precisamos aprender como encontrar uma forma adequada de expressar nossa dor, quando estamos feridos ou sofrendo.

Devemos nos lembrar de que com esses lamentos pessoais estamos lamentando a Deus e ao seu povo. Quando o fazemos, abrimos nosso coração para que Deus nos conforte, o que ele faz de forma direta ou por meio do seu povo. Paulo descreve Deus como "Pai das misericórdias e Deus de toda a consolação, que nos consola em toda a nossa tribulação" (2Co 1.3b-4a). Ele se alegra em nos ministrar e seu consolo aprofunda ainda mais o que temos de mais precioso na vida: nosso relacionamento de amor com Deus.

Certa vez, quando estávamos enfrentando sérios problemas em nosso ministério, voltei para casa, após uma reunião, bastante chateado. Deitei na cama e comecei a chorar. Meu filho entrou no quarto, e pela primeira vez em sua vida viu o pai chorar. Ele correu para a mãe e perguntou o que havia de errado. Ela lhe respondeu que eu estava tendo sérios problemas no trabalho. Ele então se sentou em minha mesa de trabalho, ligou meu computador, abriu minha agenda eletrônica, escreveu e enviou e-mails para meus melhores amigos. Os e-mails diziam que eu estava passando por um período de muito estresse e pedia para que orassem por mim. Quando soube o que ele tinha feito, fiquei emocionado. Acho que já estou conseguindo me esquecer da dor daqueles momentos difíceis, mas me lembrarei para sempre e serei eternamente impactado pela bondade demonstrada pelo meu filho.

Lamento 41

Quando abrimos o coração para que Deus nos console, também nos abrimos para a cura de nossa amargura. Sempre que pensamos em um acontecimento em termos puramente negativos ficamos amargos. Se Deus nos consolou, embora a lembrança daquele fato ainda seja dolorosa, a amargura passará, pois experimentamos um amor que é muito maior do que o mal que nos foi feito.

Tendo experimentado o consolo de Deus, também seremos capazes de encarar as pessoas, mesmo aquelas que nos feriram, com a graça de Deus, uma graça que é infinitamente maior do que qualquer pecado. Assim poderemos ter uma atuação construtiva mesmo em situações desagradáveis e em momentos de dor. A amargura nos deixa e concentramos todas as nossas energias em encontrar uma solução, em vez de provar que estamos certos em dar uma lição na pessoa que nos feriu.

O ministério no Sri Lanka pode ser bastante frustrante por causa da guerra. Muitas vezes trabalhamos duro na preparação de um evento e, de repente, descobrimos que um toque de recolher é anunciado, pouco antes do evento acontecer. Frequentemente não conseguimos exercer nosso ministério como de costume. Percebi que são os líderes mais inflexíveis os que têm maior dificuldade de lidar com esse tipo de situação. Por causa de sua inflexibilidade, eles não aprenderam a lamentar e expressar sua dor e frustração. Às vezes essa frustração se torna tão difícil de suportar que eles acabam abandonando o país, dizendo que não podem desenvolver a obra para qual foram chamados devido à guerra. Na verdade, sua aparente dureza pode ser uma expressão de fraqueza. Eles são incapazes de admitir que são vulneráveis a sentimentos de frustração e dor. Assim, só lhes resta fugir da situação.

O leitor perceberá que o que estamos dizendo aqui contradiz diretamente o ensino dos que dizem que não precisamos mais sofrer o que Jesus sofreu, pois ele suportou toda a maldição por nós. Em tal ensino não há lugar para o lamento, uma vez que o lamento seria visto como uma expressão de desconfiança em Deus.

O irmão Andrew tem vivido e ministrado em muitas nações onde os cristãos foram perseguidos por várias décadas. Quando ele veio para o Sri Lanka, eu participei de um encontro em que ele pregou. Depois de sua mensagem, foi concedido um tempo para perguntas. Então, alguém lhe perguntou o que ele pensava sobre o tipo de teologia da prosperidade que falava apenas das bênçãos concedidas por Deus, mas ignorava a dor e o sofrimento. Ele respondeu que ninguém pode proclamar tal teologia em países onde os cristãos são perseguidos. Também explicou que quem quiser defender tal teologia terá que deixar esses países. Pois é isso justamente o que alguns líderes têm feito.

Capítulo cinco

Fé e perseverança

A segunda coisa de que normalmente precisamos para experimentar alegria em meio à dor — a fé — é sempre absolutamente essencial (ao contrário do lamento, sobre o qual falamos no capítulo anterior). Em uma passagem bem conhecida que fala dessa experiência de dor e alegria, Tiago diz: "Meus irmãos, considerai motivo de grande alegria o fato de passardes por várias provações, sabendo que a prova da vossa fé produz perseverança;" (Tg 1.2-3). Devemos considerar motivo de alegria o fato de passarmos por provações. E nós as consideramos como algo a que podemos reagir com alegria, por acreditarmos que tais provações trabalharão para nosso bem.

É uma pena que muitos cristãos acham que isso é algo difícil de fazer. Provavelmente devem ter sido profundamente feridos por outras pessoas ou circunstâncias. Quando mais precisaram, não encontraram ninguém que estivesse disposto a ajudá-los, pois esse tipo de envolvimento exige muito das pessoas. E essas experiências dolorosas afetaram a maneira como esses cristãos enxergam a vida. É por isso que eles acham tão difícil acreditar que os problemas que enfrentam trabalharão para o seu bem. Eles sentem grande dificuldade em acreditar até mesmo que Deus olhará por elas em uma situação difícil. Assim quando surgem os problemas, eles não conseguem experimentar alegria em meio à dor, pois pensam: *Viu, nada dá certo para mim*.

Um dos grandes desafios que os obreiros cristãos enfrentam é ajudar as pessoas a quem estão evangelizando ou discipulando a acreditar que Deus cuidará delas quando passarem por tribulações. Na verdade, muitos dos próprios obreiros cristãos precisam ser convencidos disso. Eles não conseguem aceitar que Deus se alegra em abençoá-los. Encontrei sete versículos na Bíblia que afirmam que Deus se alegra ou se agrada de nós,[1] três que dizem que Deus tem prazer em nos fazer o bem, em nos abençoar,[2] e um que nos diz que Deus tem prazer em nosso bem-estar.[3] Essas onze referências afirmam que Deus se agrada de seu povo. Contudo, as pessoas que enfrentaram a rejeição a vida inteira — pessoas cujos pais, professores ou amigos colocaram em suas cabeças que elas não tinham valor — acham difícil de aceitar essa verdade. Por isso, precisam ser convencidas de que são capazes de serem amadas por Deus.

Algumas vezes, antes de acreditarem que Deus trabalha para o seu bem, elas precisam experimentar o bálsamo da cura de Deus, para cicatrizar as feridas que fizeram com que encarassem a vida de uma forma negativa. Eu descobri que algumas pessoas se abrem para essa cura e encontram alívio, quando perdoam aqueles que as feriram e aceitam a verdade que o Deus soberano usará até mesmo essas feridas para seu bem. Já outras simplesmente se recusam a deixar de acreditar que a vida tem sido ruim para elas. Quando se deparam com alguma experiência dolorosa, interpretam aquilo através da visão negativa da vida que elas têm, e acabam amarguradas, sentindo uma raiva impotente. Elas encaram a situação como um exemplo de que as coisas para elas não trabalham para o bem, mas sim para o mal.

---

[1] Nm 14.8; Dt 30.9; Sl 37.23; 41.11; 147.11; 149.4; Is 62.4.
[2] Dt 28.63; 30.9; Mq 7.18.
[3] Sl 35.27.

Fé e perseverança

A fé no fato de que Deus trabalha para nosso bem normalmente aumenta à medida que passamos por experiências que validam essa verdade bíblica. Após passar por várias dessas experiências, aprendemos a nos submeter àquilo que as Escrituras dizem sobre as experiências dolorosas. Então somos capazes de afirmar que até mesmo isso será usado por Deus para que se transforme em bênçãos para nós. E assim aprendemos a acreditar naquilo que a Bíblia diz sobre a dor na vida do cristão.

Paulo disse: "Sabemos que Deus faz com que todas as coisas concorram para o bem daqueles que o amam, dos que são chamados segundo o seu propósito" (Rm 8.28). No grego, o verbo que Paulo usa para fazer essa afirmação de sua crença — "sabemos" — encontra-se no perfeito. Esse tempo é utilizado para ações que se completam no passado, mas cujos efeitos continuam. Quando Paulo disse: "Cristo ressuscitou dentre os mortos" (1Co 15.20), ele usou o mesmo tempo verbal. Embora a ressurreição aconteceu algum tempo atrás, nosso Senhor e Salvador ainda se encontra em um estado de ressurreição. Paulo usa esse tempo verbal cinco vezes em 1Coríntios 15 para se referir à ressurreição de Cristo (v. 13-14, 16-17, 20).

Ao usar o perfeito ativo quando disse "Sabemos que Deus faz com que todas as coisas concorram para o bem daqueles que o amam", Paulo parece deixar implícito que ele tinha essa convicção no passado e que a continua tendo. O perfeito também é o tempo utilizado por Paulo em sua famosa declaração de confiança de que as tribulações não podem nos separar do amor de Deus:

> Pois tenho certeza de que nem morte, nem vida, nem anjos, nem autoridades celestiais, nem coisas do presente nem do futuro, nem poderes, nem altura, nem profundidade, nem qualquer outra criatura poderá nos separar do amor de Deus, que está em Cristo Jesus, nosso Senhor (Rm 8.38-39).

Quando alguma coisa terrível acontece aos cristãos, eles podem chorar e gemer, podem ficar furiosos com a injustiça e até mesmo discutir com Deus. Mas, lá no fundo do coração, trazem uma verdade que influencia a maneira como eles respondem à situação: a verdade de que Deus transformará até mesmo essa terrível situação em algo de bom. Eles argumentam: "Eu li isso na Palavra de Deus. Eu já experimentei isso em minha vida. Agora eu tenho certeza de que tudo ficará bem".

O pregador Bernard Gilpin (1517-1583) foi preso por pregar o evangelho durante a época em que a rainha Mary perseguia os protestantes. Ele foi levado para ser executado na cidade de Londres, mas para o espanto de sua guarda ele vivia repetindo: "Tudo concorre para o bem". No caminho para Londres, ele caiu do cavalo e se machucou e assim, por alguns dias, eles não puderam continuar a viagem. Ele virou-se para os guardas e disse: "Eu não tenho dúvidas que até mesmo este doloroso acidente provará ser uma bênção". Finalmente ele conseguiu chegar a seu destino. Quando se aproximavam da cidade de Londres, bem depois do esperado, eles ouviram os sinos da igreja. Então perguntaram para algumas pessoas o motivo de os sinos estarem tocando. A resposta: "A rainha Mary morreu, e não haverá mais fogueiras para os protestantes". Gilpin olhou para os guardas e disse: "Vejam, tudo caminha para o bem".[4] Deus usou o atraso devido àquele acidente para salvar sua vida.

A Bíblia frequentemente se refere à perseverança ou paciência em meio a tribulações. Paulo diz: "nos gloriamos nas tribulações; sabendo que a tribulação produz perseverança, e a perseverança, a aprovação, e a aprovação, a esperança" (Rm 5.3-4).

---

[4] Extraído de Charles H. Spurgeon, *Spurgeon at His Best*, ed. Tom Carter (Grand Rapids, MI: Baker, 1988), p. 323 e seguintes.

Para tal perseverança precisamos ter fé e esperança. Paulo fala do "esforço motivado pelo amor e a perseverança proveniente da esperança em nosso Senhor Jesus Cristo" (1Ts 1.3, NVI). Ele diz: "Mas se esperamos o que não vemos, com paciência o aguardamos" (Rm 8.25). As três referências acima utilizam a palavra grega *hupomonē*, geralmente utilizada para expressar paciência em meio à tribulação. Ela é diferente da palavra utilizada para se referir à paciência no caso de indivíduos (*makrothumia*), frequentemente traduzida como "longanimidade" nas versões mais antigas.

A palavra *hupomonē*, utilizada para perseverança em meio a tribulações, aparece trinta e uma vezes no Novo Testamento.[5] Ela significa algo diferente do que geralmente vem a nossa mente quando pensamos em perseverança. Normalmente pensamos em pessoas suportando passivamente privações ou aceitando seu infortúnio com passiva resignação. Mas a paciência cristã é uma qualidade *ativa*. A idéia é de uma perseverança ativa em vez de uma resignação passiva. Leon Morris explica: "É a atitude do soldado que no meio da batalha não desanima, mas luta bravamente, qualquer que sejam as dificuldades".[6]

O grande pregador metodista, W. E. Sangster, é um bom exemplo de perseverança cristã. Ele ficou sabendo que iria morrer devido a uma atrofia muscular progressiva, quando estava no apogeu de seu ministério. A voz foi uma das primeiras coisas que ele perdeu. Quando percebeu a gravidade de sua situação, ele tomou quatro decisões: "1) Jamais reclamarei; 2) eu manterei a casa iluminada; 3) eu contarei minhas

---

[5] Veja, por exemplo, Rm 2.7; 5. 3-4; 8.25; 15. 4-5; Ap 1.9; 2.2-3, 19; 3.10; 13.10; 14.12.

[6] Leon Morris, *The Epistle of the Romans* (Grand Rapids, MI: Eerdmans; Leicester: Inter-Varsity Press, 1988), p. 325.

bênçãos; 4) eu tentarei transformar tudo isso em algo proveitoso".[7] E ele se manteve ocupado até morrer. Seu último livro foi escrito com apenas dois dedos e foi enviado ao editor um ou dois dias antes de sua morte.[8] Tal perseverança é resultado da fé.

Quando nossa fé começar a fraquejar, aprendemos a ministrar para nós mesmos, de modo que a Palavra de Deus, que é a base de nossa fé, possa nos impactar. Podemos observar isso nos salmos 42 e 43, que na verdade formam uma unidade. Eles começam com as conhecidas palavras: "Assim como a corça anseia pelas águas correntes, também minha alma anseia por ti, ó Deus!". Muitos cantam essas palavras, mas não percebem que elas foram escritas por uma pessoa que se encontrava na mais profunda depressão, alguém de quem Deus parecia ter se afastado. Nesses dois salmos encontramos um refrão, que na verdade é um caso em que o salmista prega para si mesmo a mesma mensagem por três vezes: "Por que estás abatida, ó minha alma; por que te perturbas dentro de mim? Espera em Deus, pois ainda o louvarei, minha salvação e Deus meu" (42.5; 42.11; 43.5).

Como nosso coração está lutando contra a situação, nossa mente prega ao coração as verdades que conhecemos da Palavra. Em seu clássico livro, *Spiritual Depression*, o Dr. Martyn Lloyd-Jones pergunta: "Você não percebeu que muito de nossa infelicidade na vida é devido ao fato de você ouvir a si mesmo em vez de falar consigo mesmo?".[9] Nós devemos aprender a

---

[7] Paul Sangster, *Dr. Sangster* (Londres: Epworth Press, 1962), p. 54; citado por Warren W. Wiersbe e Lloyd M. Perry, *The Wycliffe Handbook of Preaching and Preachers* (Chicago: Moody Press, 1984), p. 217.

[8] W. E. Sangster, *Westminster Sermons*, Vol 2, *At Fast and Festival* (Londres: Epworth Press, 1961); extraído do prefácio de P. E. Songster.

[9] Martyn Lloyd-Jones, *Spiritual Depression* (Grand Rapids, MI: Eerdmans, 1965), p. 20.

parar de ouvir nossos pensamentos de autopiedade e começar a pregar realidades mais profundas para nós mesmos. Esse papel de alimentar a nossa fé, relembrando a nós mesmos as verdades profundas em meio a experiências sombrias, pode se tornar muito mais eficaz através da leitura da Bíblia. Davi disse: "Se eu não tivesse prazer na tua lei, teria morrido na minha angústia" (Sl 119.92). Martin Niemoller foi um pastor bastante corajoso que passou vários anos na prisão, por ter se pronunciado contra a prejudicial influência do regime de Adolf Hitler sobre a igreja na Alemanha. Falando sobre a Bíblia, ele disse certa vez:

> O que este livro significou para mim durante aqueles longos e sombrios anos de solitário confinamento, e depois, nos últimos quatro anos em Dachau [um campo de concentração]? Ora, a Palavra de Deus era simplesmente tudo para mim — conforto e fortaleza, orientação e esperança, senhora dos meus dias e companheira das minhas noites, o pão que me livrava da fome e a água da vida que trazia refrigério para a minha alma.[10]

A melhor descrição do cristão que caminha pela fé, esperando em Deus mesmo em meio à tribulação, pode ser encontrada nos votos de Paulo aos cristãos romanos: "Que o Deus da esperança vos encha de toda alegria e paz na vossa fé, para que transbordeis na esperança pelo poder do Espírito Santo" (Rm 15.13).

---

[10] Citado em George E. Good, *Living Stones* (Newtonards, Northern Ireland: April Sky Design, 2004), p. 57.

Capítulo seis

Renúncia

Assim como a fé é indispensável se quisermos manter a alegria na vida cotidiana, a renúncia também o é. Se nos apegarmos a qualquer coisa na vida, mesmo que seja uma coisa boa, isso certamente irá roubar nossa alegria. O objeto que rouba nossa alegria pode ser uma casa que tenhamos comprado. Podemos nos apegar a ela de tal maneira e ficarmos tão envolvidos em transformá-la no melhor possível que acabaremos por perder nossa alegria ao longo desse processo. Qualquer problema — e os problemas aparecem justamente nessas áreas, especialmente quando se tem crianças em casa — pode roubar nossa alegria e nos fazer agir de maneiras que desonrem a Cristo.

Às vezes me pergunto se as crianças que vivem nessas casas não são privadas da alegria e diversão espontâneas, algo que tem um papel tão importante para uma infância saudável, porque seus pais se interessam apenas em manter a casa sempre maravilhosamente linda e arrumada! Para essas crianças, o lar não pode ser uma coisa divertida. Isso pode dar lugar a uma atitude perigosa, pois quando elas crescerem é bem possível que comecem a pensar que somente podem se divertir fora de casa. Isso frequentemente leva à busca de diversões mundanas na companhia dos amigos.

Como Deus conhece nossa tendência de nos apegarmos às coisas de uma maneira que não é saudável, ele nos pede que abandonemos esses ídolos, para que possamos nos libertar deles. O Novo Testamento apresenta esse princípio de diferentes maneiras. Considere os seguintes textos:

♦ Se alguém quiser vir após mim, negue a si mesmo, tome a cada dia a sua cruz e siga-me. Pois quem quiser preservar a sua vida, este a perderá; mas quem perder a vida por amor de mim, este a preservará (Lc 9.23-24).

♦ Portanto, irmãos, exorto-vos pelas compaixões de Deus que apresenteis o vosso corpo como sacrifício vivo, santo e agradável a Deus, que é o vosso culto racional (Rm 12.1).

♦ Morro todos os dias (1Co 15.31)!

♦ Portanto, não sou mais eu quem vive, mas é Cristo quem vive em mim (Gl 2.20a).

Cada um desses textos sugere que os cristãos constantemente abram mão daquilo que gostariam de preservar a fim de que possam experimentar a liberdade que Deus pretende que tenham. A coisa mais importante a que renunciamos é o nosso próprio ego — o desejo de controlar nossas vidas. É claro que não desistimos de tudo para cairmos em um vazio. Nós abrimos mão de algo para nos apegarmos somente a Deus. Portanto, a renúncia é o meio de usufruirmos de forma mais plena da coisa mais bela que temos na vida: o nosso relacionamento com Deus.

Eu decidi incluir este capítulo neste livro após uma experiência que tive. Como sempre tiro uma soneca depois do almoço, normalmente trabalho até altas horas da noite. Um dia eu estava me sentindo muito cansado e decidi que iria para a cama mais cedo. Desliguei meu computador, e quando estava pronto para me deitar, o telefone tocou. Era uma ligação para minha esposa, e a pessoa no telefone parecia estar bastante chateada. Bem, a ligação durou quarenta e cinco minutos, e como dava para ouvir minha esposa falando ao telefone, eu não conseguia dormir. E comecei a ficar cada vez mais nervoso por estragarem meu plano de ir para cama mais cedo.

Quando a ligação terminou, minha esposa e eu estávamos discutindo o problema. E eu concluí: "O grande problema é que essa pessoa não quer colocar as coisas nas mãos de Deus". Imediatamente percebi que eu estava nervoso naquele momento por não querer abrir mão do meu desejo de dormir mais cedo. Por causa disso eu só pude sentir raiva, e não alegria, em meio àquela desagradável experiência.

Durante o tempo em que estive envolvido no ministério "Jovens para Cristo", muitas vezes tive que alterar meus planos devido às necessidades do ministério. Alguns desses planos de que tive que abrir mão estavam relacionados a coisas pelas quais havia esperado ansiosamente. Deixe-me compartilhar uma delas. Quando ainda fazia seminário, pouco antes de dar início ao meu ministério como líder dos "Jovens para Cristo" no Sri Lanka, em julho de 1976, estudei o livro de Atos por quase três meses. Eu planejava liderar uma comunidade evangelística e no livro de Atos tínhamos um bom modelo a seguir. Assim, eu voltei ao Sri Lanka e não apenas ensinei as coisas que tinha aprendido no livro, mas tentei implementá-las em nosso ministério e, mais tarde, na igreja que minha esposa e eu ajudamos a reconstruir (depois que sua freqüência tinha caído a zero).

Pouco tempo depois comecei a pensar em algum dia escrever um livro sobre Atos. Decidi que começaria a escrevê-lo depois de pelo menos quinze anos de experiência na aplicação dos ensinamentos de Atos em nosso ministério no "Jovens para Cristo" e na igreja. Quando o momento chegou, eu perdi as esperanças de tentar encontrar uma editora disposta a publicá-lo. Eu não comecei a escrever, mas continuei a estudar o livro de

Atos e a preparar novos estudos sobre ele. Então, em 1994, recebi um fax da Editora Zondervan perguntando se eu não gostaria de escrever o volume de Atos para sua série de Comentários para a versão NVI. Eu não conseguia acreditar no que lia. Tive uma reunião da direção do "Jovens para Cristo" dois dias depois que recebi esse fax. Lá apresentei essa proposta da Zondervan ao conselho e pedi um período sabático, o qual me foi concedido. Fiquei extasiado e estava ansioso por esse período de afastamento, para fazer aquilo de que mais gosto na vida: estudar a Palavra de Deus. Minha esposa e eu sentimos que seria difícil para nossos filhos se readaptarem novamente ao Sri Lanka nesse momento de nossas vidas e, assim, decidimos permanecer em casa durante todo esse período sabático.

Pouco antes de o período sabático começar, fui informado de que o Seminário Teológico de Colombo, de cuja diretoria eu fazia parte, logo ficaria sem um diretor-presidente. O seminário tinha apenas dois anos de existência e não sobreviveria sem um uma pessoa para esse cargo. A diretoria, então, me ofereceu o cargo. Eu senti que Deus queria que eu o aceitasse, e tive a permissão do conselho da missão "Jovens para Cristo" para aceitá-lo. Até hoje me dá vontade de chorar quando penso naquele ano! Meu objetivo era estudar quarenta horas por semana e trabalhar no seminário entre quinze e vinte horas semanais. Em quase nenhuma semana eu consegui estudar as quarenta horas programadas, mas ainda assim consegui terminar o comentário de 650 páginas. Acredito que Deus abençoou aquele livro, pois acho que ele ficou melhor do que esperava devido a meu esforço e dedicação em escrevê-lo!

Normalmente é difícil para nós renunciarmos a certas coisas — coisas como nossa conveniência, nosso conforto ou até mesmo nossa reputação. Quanto mais minha esposa e eu envelhecemos, sinto esse desejo de que pudéssemos morrer na mesma época. Mas a lei das probabilidades me diz que isso seria bastante improvável. Minha esposa sempre diz que seria melhor que eu partisse primeiro, pois eu ficaria perdido sem ela. Mas ambos sabemos que um de nós terá que abrir mão daquele que morrer primeiro. Se pela renúncia estivermos dispostos a aceitar a possibilidade dessa partida profundamente dolorosa, poderemos nos preparar para ela de maneira construtiva. A renúncia será, como esperamos, uma afirmação de que ninguém, nem mesmo o nosso amado esposo ou esposa, ocupará o lugar de suprema importância que Deus tem em nossas vidas. E quando isso acontecer, mesmo diante da profunda tristeza da partida, poderemos nos apegar a Deus e conhecer a alegria em meio à dor, em função de sua reconfortante presença junto daqueles a quem ele ama.

Para um cristão, em vez de ser algo pavoroso, a renúncia pode se tornar a porta de entrada para uma emocionante aventura. Sabemos que Deus trará algo bom de cada situação. Assim, mesmo que estejamos passando por um momento de dor, essa verdade nos sustenta e nos leva a perguntar: "Como Deus trará algo de bom desta situação?" Nós antecipamos seu livramento com santa expectativa. E quando percebemos o que ele fez, a nossa alegria é completa!

Capítulo sete

Não procuramos o sofrimento

Lendo o que eu disse até agora, poderia dar a você a impressão de que eu esteja advogando um mórbido desejo de sofrer. Alguns dos pais da igreja agiam assim. Mas com certeza essa não é uma atitude bíblica. Tenho ouvido algumas pessoas dizerem que cristãos que trabalham como obreiros por tempo integral não precisam receber salários como os pagos aos trabalhadores seculares, pois o sofrimento é uma faceta do serviço cristão e, quando eles abraçam o ministério, tomam uma decisão que leva em conta essa espécie de sofrimento. A Bíblia, no entanto, é clara ao nos dizer que os obreiros cristãos devem receber um salário suficiente, de modo que eles possam se concentrar em seus ministérios sem se preocupar com problemas financeiros (1Co 9.13-14; 1Tm 5.17).

Portanto, nós não procuramos o sofrimento. Na verdade, se algo de injusto acontece, precisamos protestar contra isso, especialmente se algum princípio importante estiver em jogo. Paulo foi preso e espancado publicamente em Filipos, algo que jamais poderia ter acontecido a um cidadão romano. Assim, quando os oficiais o soltaram, ele não partiu, mas protestou pela maneira ilegal como fora tratado (At 16.37). Isso causou um temor considerável entre os magistrados, mas Paulo precisou fazer isso para a proteção de outros cristãos. Na verdade, grande parte do livro de Atos foi escrito de maneira que não apenas defendesse, mas conferisse legitimidade ao cristianismo.

Com a crescente oposição ao cristianismo nos dias de hoje, é necessário que tenhamos muita sabedoria para discernir quando devemos dar a outra face e quando devemos lutar pelo nosso direito de praticar o cristianismo. Certa vez, quando o grande evangelista indiano Sundar Singh estava pregando nas margens de um rio sagrado, alguém lhe atirou areia nos olhos. Os hindus ali presentes ficaram furiosos com o modo como o pregador estava sendo tratado. Eles pegaram o homem que tinha atirado areia em Sundar e o entregaram à polícia. Quando Sundar Singh retornou, após ter lavado o rosto e retirado a areia dos olhos, viu o que estava acontecendo e imediatamente apelou em favor do preso. Ele se assegurou de que ele fosse solto, e voltou a pregar. Vidyananda, o homem que o havia agredido, ficou então abismado com sua atitude e tão impressionado que implorou não somente o perdão de Sundar Singh, mas também saiu em busca da verdade e acompanhou Sundar em toda a sua jornada.[1] Nesse caso, dar a outra face era a coisa cristã a fazer.

Já no Sri Lanka foi necessário outro tipo de reação, no caso da morte de uma pessoa convertida ao cristianismo que vivia em um vilarejo predominantemente budista. Os líderes da vila disseram que esse novo convertido não poderia ser enterrado no cemitério local, pois tinha abandonado o budismo. Nessa ocasião os cristãos tiveram que trabalhar com afinco, conversando com líderes políticos e oficiais do governo, para assegurar o direito de enterrar o novo convertido no cemitério do vilarejo. Esse direito foi assegurado e um importante precedente foi estabelecido, o que ajudaria cristãos em situações semelhantes no futuro.

O evangelho foi defendido em ambos os episódios. No primeiro, a defesa consistiu em demonstrar o princípio cristão do

---

[1] Mrs. Artur Parker, *Sadhu Sundar Singh: Called of God* (Madras: Christian Literature Society, 1918), p. 25-26.

amor aos nossos inimigos. No segundo, a defesa consistiu em lutar para garantir o legítimo direito dos cristãos de usufruírem dos serviços que são estendidos a todos os cidadãos do Sri Lanka. Assim, nós não procuramos o sofrimento, mas quando nos deparamos com ele, sabemos que será utilizado por Deus para ser uma bênção para nós. A palavra bênção em inglês — *blessing* — é derivada do inglês arcaico *bledsian*, termo que é relacionado à palavra *blood* (sangue). Ela surgiu em função do uso de sangue nos sacrifícios. Assim, a bênção vem através do sacrifício. Por isso, os cristãos consideram uma honra sofrerem por seus princípios. Paulo disse: "Pois, por amor de Cristo, vos foi concedido não somente crer nele, mas também sofrer por ele" (Fl 1.29). A palavra grega *charizomai*, traduzida como "conceder", significa "dar graciosamente". J. B. Lightfoot, ao comentar esse versículo, diz: "Deus concedeu a você o grande privilégio de sofrer por Cristo; esse é o maior dos sinais de que ele olha para você com favor".[2] É por isso que quando as autoridades "aplicaram-lhes chicotadas [nos apóstolos] e ordenaram que não falassem em nome de Jesus. Então os soltaram. E eles retiraram-se de diante do Sinédrio, alegres por terem sido julgados dignos de sofrer afronta por causa do nome de Jesus" (At 5.40-41).

Peter Kuzmic é hoje um dos principais missiólogos do mundo. Seu pai foi pastor pentecostal na antiga Iugoslávia. Certa vez, as autoridades do país destruíram o prédio da igreja que ele pastoreava e o prenderam por determinado tempo. Depois, eles o obrigavam a fazer duas visitas diárias ao departamento de segurança, que ficava a uma distância considerável de sua casa. Quando chegava lá, eles o espancavam com

---

[2] J. B. Lightfoot, *Epistle of St Paul to the Philippians* (Grand Rapids, MI: Zondervan; Pradis Versão Eletrônica produzida pela Zondervan Interactive, 2004).

tamanha força que seu rosto ficava todo inchado a ponto de ele não poder comer. Kuzmic conta que se lembra muito bem do pai dizendo à sua mãe, em meio à dor, que para ele era um privilégio sofrer por Cristo e que as autoridades estivessem fazendo a ele o mesmo que foi feito a Cristo.

A atitude que temos até agora descrito neste livro é bem ilustrada em uma história que Norman Grubb contou sobre seu sogro. C. T. Studd foi o fundador da Missão Heart of Africa, hoje conhecida como WEC Internacional. Grande parte de sua carreira missionária ele viveu nas profundezas das selvas africanas. Norman Grubb viveu com ele durante algum tempo. Ele diz que o correio chegava uma vez a cada duas semanas, e Studd fazia do ato da abertura da correspondência um verdadeiro ritual.

Certa vez, uma grande doação chegou pelo correio e Studd disse: "Bendito seja Deus eternamente! Ele sabe que bando de reclamões somos nós e nos enviou o suficiente para que deixemos de reclamar". Outra vez, quando a remessa foi pequena, Studd disse: "Aleluia, nós devemos estar crescendo em graça. Deus acha que nós estamos aprendendo a confiar nele". Teve outra vez em que ele não recebeu nada. A resposta de Studd foi: "Aleluia, louvado seja Deus para todo o sempre! Nós já estamos no reino, pois no reino não há comida, bebida, mas justiça, paz e alegria no Espírito Santo".[3]

Dá para perceber um toque de humor aqui. Mas não devemos perder essa demonstração de uma inabalável crença na soberania de Deus por parte de alguém que encara as privações de forma positiva.

---

[3] Citado em Dennis Kinlaw, *This Day with the Master* (Grand Rapids, MI: Zondervan, 2004), 31 de Dezembro.

Capítulo oito

Um ponto cego da teologia?

Em cada cultura a igreja tem desafios próprios e específicos a enfrentar — determinados pontos cegos da teologia que retardam o crescimento dos cristãos, impedindo que eles alcancem a maturidade em Cristo. Acredito que o ponto cego mais sério da teologia da igreja na Ásia é a comunicação da verdade bíblica de que, embora a Bíblia nos ensine que "Deus é amor" (1Jo 4.8, 16), ele também exige que cada um assuma responsabilidade pessoal por suas ações. Em culturas como a nossa, que atribuem à vergonha um peso considerável, adotar uma atitude franca em relação aos próprios pecados é algo culturalmente inaceitável. Portanto, nesses contextos, a responsabilidade espiritual é algo difícil de incentivar.

Eu também acredito que o ponto cego mais sério da teologia da igreja ocidental seja uma visão inadequada do sofrimento. Parece haver muita reflexão em torno de como evitar o sofrimento e o que fazer para aliviá-lo. Temos muitos estudos sobre o que fazer para evitá-lo e inúmeras terapias para combater o sofrimento; no entanto, há um ensino inadequado sobre uma teologia do sofrimento. Não se ensina aos cristãos por que eles, como seguidores de Cristo, devem esperar o sofrimento e por que o sofrimento é algo tão importante para o crescimento saudável do cristão. Assim, na teologia da igreja ocidental o sofrimento é visto apenas de forma negativa.

A "boa vida", o conforto, a conveniência, uma vida sem sofrimento se tornaram, nas sociedades ocidentais, necessidades que as pessoas vêem como seus direitos básicos. Se elas não têm acesso a esses direitos, acham que alguma coisa está errada. Assim, quando aparece algum inconveniente, alguma dor, as pessoas fazem todo o possível para evitá-los ou aliviá-los. Um dos resultados dessa atitude é que isso impõe uma severa restrição ao crescimento espiritual, pois Deus pretende que cresçamos por meio das tribulações.

Mais tarde veremos que o compromisso com as pessoas tem sido uma das causas de muita dor e decepção em nossas vidas. Por isso muitas igrejas montam suas estruturas de modo a não deixar muito espaço para a dor. Não existe oportunidade para que as pessoas possam se sentir desconfortáveis pela excessiva proximidade com os demais membros da igreja ou de ficarem frustradas umas com as outras. Às vezes os pequenos grupos da igreja são anunciados de maneira a assegurar aos potenciais participantes que o compromisso pessoal exigido é mínimo. Trata-se apenas de um estudo que será realizado durante três meses e, depois, os participantes poderiam passar para outro grupo. Um triste resultado disso é que muitos cristãos não têm a oportunidade de desenvolver laços espirituais de compromisso com outros cristãos, laços que são vitais para o crescimento. Portanto, essa teologia problemática provoca falhas no crescimento.

Um segundo resultado de não termos uma teologia do sofrimento que seja adequada é que sofremos mais do que precisamos, quando nos deparamos com a dor ou a frustração. Viver neste mundo caído é algo que pode nos dar uma certeza: que nós encontraremos sofrimento pela frente, pois ele está tão entrelaçado com a vida neste mundo e nenhum ser humano pode evitá-lo. Se os cristãos não aceitarem o sofrimento como uma circunstância da qual resultará algo de bom, quando sofrerem, acreditarão que algo de errado está acontecendo. Os comentários de outras pessoas muitas vezes podem até reforçar essa idéia. Com isso, esses cristãos se desiludem em relação a Deus e à igreja, ou enfrentam desencorajamento e dúvida desnecessários. Ninguém pode ter alegria com tais atitudes.

Um terceiro resultado do fato de não se ter uma teologia do sofrimento apropriada é que alguns, ao experimentarem o sofrimento, podem se afastar de um chamado que lhes parece difícil, em busca de algo mais fácil. No entanto, nesse processo eles se afastam também daquilo que Deus tem de melhor para eles, e se tornam bem menos eficazes do ponto de vista eterno. Por exemplo, um casal que tenha sido chamado para trabalhar com um grupo de pessoas bastante resistentes ao evangelho pode não conseguir enxergar um fruto sequer de seu trabalho por vários anos. Eles acharão difícil suportar a frustração desse ministério aparentemente infrutífero, sobretudo porque aqueles que os apóiam nesse ministério estarão esperando por algum resultado mensurável. Incapazes de lidar com essa frustração, eles podem se dirigir para outro lugar que lhes pareça mais adequado em tese. No entanto, Deus pode querer que eles perseverem onde estão.

Ou talvez um brilhante pregador, que pregou por muitos anos para uma pequena congregação de mulçumanos convertidos, decida voltar para sua terra natal para se tornar pastor de uma congregação com milhares de membros. Aparentemente seus dons seriam utilizados de forma muito mais eficaz nessa nova esfera de serviço. Mas o testemunho da história nos mostra que Deus enviou algumas das maiores mentes da igreja para os lugares mais difíceis. As mentes mais brilhantes da igreja precisam se dedicar ao desenvolvimento de estratégias para alcançar aqueles que são mais resistentes ao evangelho. Mas a nossa compreensão imperfeita acerca da realização pessoal e dos dons faz com que a opção de separar pessoas tão brilhantes para um trabalho desse tipo seja algo muito difícil de justificar nos dias de hoje.

Temos assistido a um triste fenômeno que vem acontecendo com os nativos do Sri Lanka que retornam ao seu país com excelente qualificação teológica, depois de terem estudado no exterior. Eles parecem procurar por uma combinação ideal de fatores, ou seja, um local para trabalhar onde possam se sentir realizados com a utilização de seus dons e ainda onde sejam remunerados de acordo com suas qualificações. Na verdade, eles não voltam para morrer por nosso povo. É um escândalo, mas o fato é que até mesmo na igreja o que antes era visto como egoísmo se tornou aceitável e até mesmo respeitável hoje em dia.

O Sri Lanka é um país demasiadamente pobre para se dar ao luxo de pagar pessoas que irão se dedicar exclusivamente às suas próprias áreas de especialidade. As organizações nas quais uma pessoa serve podem muitas vezes pedir a ela que faça coisas que parecem afastá-la daquilo para que foi chamada. Pelo fato de o cristianismo ser uma religião na qual as necessidades do corpo como um todo se tornam as nossas necessidades pessoais, o cristão deve se submeter à vontade do corpo. Assim, as pessoas que se acostumaram ao individualismo radical dos países ricos terão dificuldades em suportar essa submissão.

Dessa forma, algumas dessas pessoas talentosas e qualificadas acabam abandonando o Sri Lanka após alguns anos de serviço e indo para países onde acreditam que possam utilizar seus dons de maneira mais adequada, onde possam ser mais bem remuneradas por seus serviços. Com frequência as necessidades dos países que abandonam são incomparavelmente maiores que as dos países para os quais se mudam.

Outros criam suas próprias organizações onde possam desenvolver o trabalho para qual foram qualificados e onde não precisem se submeter à vontade de um grupo maior. Outros se tornam consultores em suas áreas de especialidade, compartilhando seu conhecimento com vários grupos, sem ter que se submeter e se justificar diante de um único grupo.

Eu ainda não citei as Escrituras neste estudo, mas se há um livro que gostaria de citar é a segunda epístola aos coríntios, do começo ao fim. Ela começa com uma referência a uma severa aflição que Paulo e seus companheiros experimentaram: "Irmãos, não queremos que ignoreis a tribulação pela qual passamos na Ásia, porque foi muito acima das nossas forças, de tal modo que chegamos a desesperar da própria vida. Na verdade, tínhamos sobre nós a sentença de morte" (1.8-9a). Nessa epístola encontramos cinco outras listas de severo sofrimento (4.8-12; 6.4-5, 8-10; 11.23-28, 32-33). É nessa carta que Paulo fala sobre seu espinho na carne, o qual ele descreveu como "um mensageiro de Satanás para me atormentar" (12.7).

Mas apesar de todo esse foco na questão do sofrimento, o tema predominante em 2Coríntios é *A glória do ministério: a exultação de Paulo na pregação*, que é o título de um livro de comentários sobre essa epístola, da autoria de A. T. Robertson.[1] Paulo tinha uma teologia do sofrimento que o ajudou a ver algo de bom em meio a todo o seu sofrimento. Considere, por exemplo, sua conclusão a respeito das orações sem resposta em relação a seu espinho na carne: "Pois, quando sou fraco, então é que sou forte" (12.10b). Essa abordagem positiva em

---

[1] A. T. Robertson, *The Glory of the Ministry: Paul's Exultation in Preaching* (Grand Rapids, MI: Baker, 1911, reimpresso em 1979).

relação ao sofrimento fica bem clara em uma lista de afirmações paradoxais que Paulo faz nessa mesma epístola:

por honra e por desonra,
por difamação e por boa reputação;
como se fôssemos mentirosos, sendo, porém verdadeiros;
como desconhecidos, porém bem conhecidos;
como quem está morrendo,mas de fato vivendo;
castigados, porém não mortos;
entristecidos, mas sempre alegres;
pobres, mas enriquecendo a muitos;
nada tendo, mas possuindo tudo. (2Co 6.8-10).

Essa é a atitude que uma teologia do sofrimento com bases bíblicas gera em um cristão. Como dissemos anteriormente, as pessoas mais felizes do mundo não são aquelas que não experimentam qualquer tipo de sofrimento, mas sim aquelas que não temem o sofrimento.

O sofrimento nos aproxima de Cristo

... e completo no meu corpo o que resta do sofrimento de Cristo ...
Colossenses 1.24b

Parte 2

Capítulo nove

A solidariedade no sofrimento

Em Colossenses 1.24, Paulo nos dá duas razões para podermos nos regozijar no sofrimento: "Agora me alegro nos meus sofrimentos por vós e completo no meu corpo o que resta do sofrimento de Cristo, por amor do seu corpo, que é a igreja". Paulo se regozija primeiro, porque ele completa em seu corpo o que resta das aflições de Cristo. Segundo, porque esse sofrimento é por amor da igreja.

Que declaração mais estranha Paulo faz aqui! Ele diz: "completo no meu corpo o que resta do sofrimento de Cristo".

Com certeza, Paulo, aquele que ensinou tão profundamente sobre a suficiência de Cristo, não poderia estar dizendo que mais alguma coisa precisaria ser feita para completar o sacrifício de Cristo. Portanto, as várias interpretações dessa afirmação podem ser divididas basicamente em dois grupos.

O primeiro grupo entende que essa declaração significa que há uma quota de sofrimento que ainda precisa ser suportado, para completar a obra que teve início com a morte de Cristo. Alguns dizem que esse sofrimento era necessário para que as pessoas pudessem se apropriar dos resultados da obra de Cristo. Em outras palavras, embora a obra de Cristo esteja completa, a recepção da mensagem de seus sofrimentos não está completa. Paulo pretendia assumir a parcela de sofrimento que era necessário suportar de modo que o evangelho pudesse se espalhar pelo mundo. Outros dizem que Paulo estava falando sobre a parcela de sofrimento que era necessário que a igreja suportasse (e que às vezes é chamado de aflições messiânicas), antes da chegada do final dos tempos e do retorno de Cristo à terra. Há um forte argumento em prol dessa visão geral que é defendida por grandes estudiosos do Novo Testamento. Eu, no entanto, penso que o outro ponto de vista seja mais recomendável, pois ele é consistente com a maioria dos ensinamentos de Paulo sobre o sofrimento. Esse outro ponto de vista era defendido por estudiosos mais antigos, como João Calvino e Matthew Henry. Em épocas recentes, David Garland[1] está entre aqueles que o defenderam. De acordo com esse ponto de vista, o que Paulo quer completar é a sua própria experiência do sofrimento de Cristo. Cristo é o Salvador sofredor, e se pretendemos segui-lo ou ser como ele, devemos sofrer como ele sofreu. Paulo expressa isso como um desejo quando diz: "para conhecer Cristo, e o poder da sua ressurreição, e a participação nos seus sofrimentos, identificando-me com ele na sua morte," (Fp 3.10). Peter O'Brien destaca que Paulo está dizendo aqui que experimentar o poder da ressurreição de Cristo e compartilhar de seus sofrimentos são aspectos do fato de se conhecer a Cristo.[2]

Paulo usa a conhecida palavra *koinōnia* em Filipenses 3.10, cuja tradução literal é união (ou solidariedade) em seus sofrimentos. Há uma profunda união com Cristo que podemos experimentar somente através do sofrimento. Paulo descobriu isso logo no início de sua vida cristã, quando ouviu Jesus dizer:

---

[1] David E. Garland, *The NIV Application Commentary: Colossians and Philemon* (Grand Rapids, MI: Zondervan, 1998; Versão Eletrônica Pradis produzida pela Zondervan Interactive, 2004).

[2] Peter O'Brien, *Commentary on Philippians,* The New International Greek Testament Commentary (Grand Rapids, MI e Cambridge, UK: Eerdmans, 1991).

"Saulo, Saulo, por que me persegues?" (At 9.4). Ele estava atacando a igreja, mas adivinhe quem estava sentindo dor? Cristo e a igreja tinham-se tornado tão unidos no sofrimento que, quando Paulo perseguia a igreja, ele na verdade perseguia a Cristo. Mais tarde Paulo exporia com profundidade o significado de estar "em Cristo". Ao descrever a nossa herança em Cristo, Paulo disse: "Se somos filhos, também somos herdeiros, herdeiros de Deus e co-herdeiros de Cristo, e é certo que *sofremos com ele*, para que também com ele sejamos glorificados" (Rm 8.17, ênfase acrescentada). Quando sofremos, estamos sofrendo com Cristo.

Se nosso maior desejo na vida fosse nos aproximar de Jesus, será que reconheceríamos que o sofrimento nos ajudaria nesse propósito? Se pensássemos assim, o sofrimento não seria problema para nós. Seria como os problemas que enfrentamos para ser aprovados em um exame ou para ganhar uma medalha de ouro nos Jogos Olímpicos. Toyohiko Kagawa (1888-1960) foi um evangelista e reformador social japonês sobre o qual falaremos mais tarde. Em um dado momento de sua vida, ele pensou que ficaria cego (embora isso não tenha acontecido). Mas ele reagiu a essa perspectiva dizendo: "A escuridão, a escuridão é o santo dos santos, o qual ninguém pode roubar de mim. Na escuridão eu me encontro face a face com Deus".[3]

Um evangelista chinês, que passou vários anos na prisão por causa de sua fé, disse certa vez: "Se você aceitar o sofrimento como um privilégio por causa da fé, ele se tornará seu aliado e o levará

---

[3] Citado em James S. Stewart, "Wearing the Thorns as a Crown", *Classics Sermons on Suffering*, comp. Warren W. Wiersbe (Grand Rapids, MI: Kregel, 1984), p. 92.

para mais perto de Cristo".[4] Um pastor romeno, que também sofreu perseguição do regime comunista, disse: "Os cristãos são como pregos; quanto mais você bate, mais fundo eles vão".[5]

Quando Sadhu Sundar Singh se converteu ao cristianismo, na adolescência, foi envenenado por seus irmãos e expulso de casa. Após ter sido milagrosamente curado, ele dedicou sua vida à proclamação do evangelho. Certa vez, quando pregava nas proximidades da casa de sua família, ele decidiu visitar o pai. Mas o fato de seu pai tratá-lo como um rejeitado partiu seu coração. O pai fez com que ele se sentasse à distância para que não contaminasse a família ou seus utensílios. Quando o pai lhe deu água, ele a despejou em suas mãos, mantendo o jarro bem acima para não tocá-las.

Esse foi o comentário de Sundar Singh após esse episódio: "Quando recebi esse tratamento, não consegui segurar as lágrimas, pois meu pai, que costumava me amar muito, agora me odiava como se eu fosse alguém em que não pudesse sequer tocar". Contudo, em meio a essa dor, Sundar experimentou a solidariedade em compartilhar do sofrimento de Cristo. Ele disse: "A despeito de tudo isso, meu coração estava cheio de paz. Eu agradeci meu pai pelo tratamento recebido... respeitosamente me despedi e fui embora. Enquanto andava pelos campos, orei e agradeci a Deus, e então adormeci debaixo de uma árvore. Na manhã seguinte continuei meu caminho".[6] O pai de Sundar se tornou um cristão pouco antes de sua morte.[7]

---

[4] Em Jan Pit, compilador, *Bound to Be Free: With the Suffering Church* (Tonbridge, UK: Sovereign World, 1995), p. 341.

[5] Ibid., p. 142.

[6] Citado em A. J. Appasamy, *Sundar Singh: A Biography* (Madras: Christian Literature Society, 1966), p. 27.

[7] Ibid., p. 117.

Desfrutar desse relacionamento com Cristo é a mais doce e agradável experiência na vida. Quem percebe isso com certeza estaria disposto a abrir mão de qualquer coisa que fosse necessário para estreitar esse relacionamento. John e Betty Stam, missionários na China, foram mortos pelos comunistas em 1943, quanto estavam com vinte e sete e vinte e oito anos de idade respectivamente. Certa vez John disse: "Podem levar tudo o que tenho, só não me levem a doçura de caminhar e conversar com o rei da glória".[8]

Se esse é o nosso desejo, estreitar nosso relacionamento com Cristo, quando sabemos que o sofrimento aprofunda esse relacionamento, o sofrimento perde seu aguilhão. Nós passamos a não mais temê-lo. Em vez disso, quando ele surge, nós o transformamos numa oportunidade de alcançar aquilo que desejamos: nos aproximarmos ainda mais de Cristo. Graham Kendrick expressa esse desejo de conhecer bem a Cristo em uma canção que escreveu:

> Tudo o que me era mais querido, sobre o qual construí minha vida,
> Tudo em torno do qual este mundo gira e se fazem as guerras,
> Tudo que um dia tive como ganho, contei como perda,
> Algo gasto e sem valor, que em nada se compara a isso
>
> A conhecê-lo, Jesus, a conhecê-lo
> Não há nada maior
> Tu és tudo para mim, o melhor que há em mim,
> Tu és minha alegria, minha justiça,
> Eu te amo, Senhor

---

[8] Citado em Sherwood Elliot Wirt e Kersten Beckstrom, *Living Quotations for Christians* (New York: Harper & Row, 1974), p. 266.

Agora o desejo do meu coração e te conhecer mais e mais,
Ser achado em ti, ser conhecido como teu,
Tomar posse pela fé de tudo que não pude conquistar
Tudo que é uma dádiva imensurável de sua justiça

Ó, conhecer o poder de sua vida ressurreta,
E conhecê-lo em seus sofrimentos
Tornar-me como o meu Senhor em sua morte,
Para que possa viver contigo e morrer jamais.[9]

---

[9] Graham Kendrick, Make Way Music, 1993.

Capítulo dez

Imitadores de Cristo

A canção de Graham Kendrick com que terminamos o capítulo anterior acaba assim:

Tornar-me como o meu Senhor em sua morte,
Para que possa viver contigo e morrer jamais.

Essas palavras apontam para outra faceta do sofrimento que nos aproxima de Jesus: o fato de que o sofrimento nos ajuda a ser imitadores de Cristo.

Tempos atrás, estudei o Novo Testamento à procura de todos os exemplos em que Jesus é apresentado como um modelo a ser seguido. Encontrei algumas declarações como: "Sede meus imitadores, como também eu sou de Cristo" (1Co 11.1). Encontrei algumas passagens onde nos é pedido que perdoemos e sejamos pacientes como Cristo foi (Ef 4.32; Cl 3.13). O próprio Jesus pede para que sigamos seu exemplo, ao lavar os pés dos discípulos (Jo 13.14), isto é, que possamos servir uns aos outros. A maioria das referências, entretanto, falava de seguir a Cristo no sofrimento.

Um dos textos mais conhecidos sobre como seguir o exemplo de Cristo está em Hebreus 12.1-2, onde nos é pedido para que "corramos com perseverança a corrida que nos está proposta, fixando os olhos em Jesus, o Autor e Consumador da nossa fé". Frequentemente paramos por aqui e esquecemos que aquilo que nos é pedido é que soframos como Jesus. Mas a sentença continua para dizer: "o qual, por causa da alegria que lhe estava proposta, suportou a cruz, não fazendo caso da vergonha que sofreu, e está assentado à direita do trono de Deus." (Hb 12.2b).

Ora, embora saibamos que Jesus ressuscitou da morte em grande triunfo, não é fácil segui-lo em sua morte, especialmente com toda essa teologia da prosperidade a que as pessoas estão expostas hoje. Nós ouvimos pregadores populares dizerem na TV que, pelo fato de Cristo ter suportado a maldição por nós, estamos livres dos efeitos dessa maldição e, portanto, não devemos mais sofrer. Aqueles que confiantemente aceitam o sofrimento sem lutar contra ele são acusados de possuir pouca fé. Pedro tem algo a nos dizer acerca disso: "Portanto, uma vez que Cristo sofreu na carne, armai-vos também desse mesmo pensamento" (1Pe 4.1). Somos bombardeados por idéias que alegam que, se sofremos, provavelmente é por estarmos fazendo algo de errado. Mas Deus pede que nos armemos do mesmo pensamento de Cristo, que sofreu na carne. Ele enfrentou o sofrimento físico e nós do mesmo modo temos que fazê-lo. Assim, deveríamos começar a pensar em sofrer como Cristo fez e enfrentar o sofrimento, esperando pelo bem que dele resulta.[1]

Vimos na declaração de Paulo, em Filipenses 3.10, que ele busca "a participação nos seus sofrimentos [de Cristo]". Ele expande sua declaração dizendo: "identificando-me com ele na sua morte". Aqui, o verbo traduzido como "identificando-me" é *summorphizō*, que significa "tornar semelhante a

---

[1] Eu agradeço a meus colegas da missão "Jovens para Cristo" em Trivandrum, Índia, que me chamaram a atenção sobre esse verso.

outrem em forma ou estilo".[2] Quando sofremos com Cristo, nos tornamos como ele. Podemos encontrar esse mesmo pensamento na conhecida passagem de Romanos 8.28-29:

Sabemos que Deus faz com que todas as coisas concorram para o bem daqueles que o amam, dos que são chamados segundo o seu propósito. Pois os que conheceu por antecipação, também os predestinou para serem conformes à imagem de seu Filho, a fim de que ele seja o primogênito entre muitos irmãos.

O bem que resulta de todas as nossas experiências é que nos transformaremos naquilo que Deus planejou, quando nos predestinou: seremos conformes à imagem de Cristo.

E Paulo continua, dizendo que, quando isso acontece, Jesus se torna o primogênito entre nós (Rm 8.29b). Mas ele não foi sempre "o primogênito entre muitos irmãos"? Ele é nosso irmão mais velho; porém, se não nos comportamos como ele, com certeza ele não parecerá nosso irmão. Nessas horas não somos quem devemos ser, o que equivale a dizer que nós somos inconstantes e não experimentamos em plenitude o que significa ser um irmão de Cristo. Contudo, quando nos tornamos como Cristo, ele verdadeiramente se torna nosso irmão, e então nos tornamos aquilo para que fomos criados. Isso quer dizer que experimentamos a *shalom*, seremos inteiros, completos, como Deus pretendia que fôssemos quando nos criou.

Quando foi assassinado, Estêvão demonstrou o que significa ser semelhante a Cristo no sofrimento. Seus oponentes

---

[2] W. Arndt, F. W. Danker, e W. Bauer, *A Greek-English Lexicon of the New Testament and Other Early Christian Literature*, 3ª ed. (Chicago: University of Chicago Press, 2000), p. 958.

"se enfureciam no coração e rangiam os dentes contra Estêvão" (At 7.54). Mas naquele momento, Estevão estava experimentando da maneira mais poderosa a comunhão com Cristo no sofrimento: "Estêvão, cheio do Espírito Santo, com os olhos fixos no céu, viu a glória de Deus, e Jesus em pé à direita de Deus" (At 7.55). Seus oponentes continuaram, dando início à sua execução por apedrejamento. Então, Estevão, que estava experimentando a comunhão no sofrimento através da proximidade de Cristo, começou a fazer aquilo que Jesus fez quando foi crucificado: "E enquanto o apedrejavam, Estêvão orava: Senhor Jesus, recebe o meu espírito. E pondo-se de joelhos, clamou em alta voz: Senhor, não lhes atribuas este pecado. Tendo dito isso, adormeceu" (At 7.59-60).

O povo fez com Estevão a mesma coisa que fizera com Cristo. Estevão experimentou a proximidade de Cristo naquele momento, e começou a fazer as mesmas coisas que Cristo fez quando morreu.

Um chinês chamado Chang Men ficou cego aos trinta anos, e passou a ser conhecido como o cego Chang. Mas lhe deram um apelido, *Wu so pu wei te*, que resumia aquilo que o povo pensava dele. Seu apelido significava: "aquele que nada tinha de bom". Seus vizinhos acreditavam que ele tinha sido atingido pela cegueira devido ao tipo de vida pecaminoso que levava. Ele tinha expulsado de casa sua esposa e filha, ele jogava, roubava, e era mulherengo. Um dia, ele ficou sabendo que pessoas cegas estavam sendo curadas no hospital de uma missão, e se dirigiu para lá em busca de tratamento. No hospital, ele não somente recebeu a cura parcial da visão, mas, melhor ainda, recebeu a visão espiritual aceitando o evangelho.

O cego Chang pediu para ser batizado e ficou sabendo que um missionário viria até sua vila para batizá-lo. O missionário apareceu cinco meses depois, e descobriu que quatrocentas

Imitadores de Cristo 79

pessoas queriam se tornar cristãs devido ao testemunho do cego Chang. Ele tinha ido ao hospital local, onde fizera uma cirurgia, esperando ser curado totalmente de sua cegueira, mas acabou perdendo toda a visão. Cego Chang, então, tornou-se um evangelista itinerante. Ele podia citar de memória quase todo o Novo Testamento e algumas passagens do Antigo.

Então, na virada do século vinte, veio a Revolução dos Boxers, e as pessoas que tinham alguma ligação com o Ocidente passaram a ser perseguidas. Centenas de missionários e milhares de cristãos foram assassinados. Em um dos locais, cinquenta cristãos foram presos e seus captores planejavam matá-los. Mas a eles foi dito que para cada cristão morto, outros dez surgiriam. Assim, decidiram matar o líder desses cristãos, o cego Chang. Perguntaram aos prisioneiros onde poderiam encontrá-lo. Mas nenhum cristão estava disposto a traí-lo. Um desses prisioneiros conseguiu escapar. Ele encontrou Chang e contou-lhe o que estava se passando.

Chang se dirigiu ao quartel dos Boxers. Ali lhe foi ordenado que adorasse o deus dos Boxers em um templo, mas ele se recusou a fazê-lo. Ele foi colocado em um carro aberto que desfilou pela cidade, a caminho ao cemitério local. Enquanto desfilavam pela cidade, Chang cantarolava uma canção:

> Jesus me ama, ele que morreu
> para que os portões dos céus se abrissem;
> Ele vai lavar o meu pecado
> E deixar seu pequeno filho entrar.

> Jesus me ama, ele vai ficar
> Ao meu lado durante todo o caminho;
> Se eu o amo, quando eu morrer,
> Ele vai me levar para sua casa no céu.

Chang foi decapitado com uma espada. Suas últimas palavras foram: "Pai celestial, recebe meu espírito".[3] Será que você pode ver como o sofrimento fez com que ele se parecesse com Jesus? Quando ele viu que seu rebanho estava em perigo, não correu para se esconder em um lugar seguro. Ele deu a vida por suas ovelhas, como o Bom Pastor (ver Jo 10.11-15). Enquanto Chang morria, ele louvava a sua proximidade com Jesus e sua expectativa de ser bem recebido por Jesus no céu. E as últimas palavras que disse foram muito parecidas com as últimas palavras de Jesus, antes de sua morte.

---

[3] Extraído de Mark Walter, compilado, *The New Encyclopedia of Christian Martyrs* (Grand Rapids, MI: Baker, 2001), p. 856.

Capítulo onze

Motivações puras

Grande parte dos servos de Deus tenta servi-lo a partir da pura motivação de fazer tudo para a glória de Deus. No entanto, é muito difícil saber quando os nossos motivos são de fato puros e quando são egoístas. Queremos dar o melhor de nós em tudo o que fazemos para Deus. Mas por que queremos fazer isto? Será que é por que queremos glorificar a Deus? Ou será que há nisso um pouco de egoísmo que nos faz querer ser melhores do que os outros — motivação essa que não é digna do evangelho?

Por ser tão difícil para nós honrarmos única e exclusivamente a Deus em tudo o que fazemos, Deus muitas vezes permite que passemos por algum tipo de disciplina para ajudar a purificar nossas motivações. Em Hebreus 12.3-11 há uma extensa discussão sobre o modo como Deus disciplina aqueles a quem ele ama, para que possam crescer em graça.

Tiago também ensina isso, dizendo: "Meus irmãos, considerai motivo de grande alegria o fato de passardes por várias provações, sabendo que a prova da vossa fé produz perseverança" (Tg 1.2-3). As provações testam a nossa fé. A analogia da prova ou do teste vem da prática de testar os metais no fogo, retirando assim suas impurezas. O processo também revela o tipo de impureza presente nos metais.

Recentemente ministrei uma série de mensagens em duas etapas, durante uma conferência internacional. Durante a primeira parte da minha palestra, houve uma pequena confusão em relação ao tempo destinado para mim. Enquanto falava, eu percebi que tinha que me apressar para terminar no tempo que me fora designado. Então, comecei a falar depressa. A primeira língua de muitos dos participantes não era o inglês e, portanto, eles sentiam dificuldade em acompanhar o que eu estava dizendo. A tensão que me dominou também fez com que eu perdesse a naturalidade enquanto falava. Assim que terminei, percebi que a mensagem não tinha sido muito bem compreendida. Alguns de meus amigos que estavam presentes ficaram preocupados por eu não ter feito um bom trabalho, e me disseram como eu deveria me comportar na segunda parte da minha palestra.

Voltei para o meu quarto completamente arrasado. Não há nada que eu tema mais na vida do que ministrar sem a liberdade de saber que estou sendo guiado pela unção do Espírito. É claro que naquele dia eu não a tinha sentido. Pelo celular, enviei uma mensagem à minha esposa pedindo para que me ligasse, e eu contei a ela o que tinha acontecido. Pedi que ela orasse por mim ao telefone, e avisasse meus amigos para que orassem pela palestra da manhã seguinte. Aquela noite trabalhei com afinco para resumir a segunda mensagem, de modo que a pudesse ministrar no tempo previsto. Na manhã seguinte tudo correu muito bem. Os mesmos amigos que tinham me aconselhado no dia anterior expressaram sua alegria, pois sentiam que Deus havia me usado na segunda palestra.

Comecei a pensar sobre esse episódio, tentando encontrar um motivo para o que tinha acontecido. Então percebi que, durante os dias que antecederam minhas palestras na conferência, muitas pessoas me procuraram para dizer o quanto apreciavam meus livros e as palestras que eu ministrara em outras conferências. Percebi que aquilo tinha me deixado orgulhoso, arrogante. Eu queria que minhas palestras nessa conferência fossem incríveis, maravilhosas. No entanto, minha motivação tinha mudado de direção: a princípio eu queria glorificar a Cristo, por fim, passei a querer que a audiência notasse minhas habilidades como palestrante e pregador.

O resultado foi que só pude contar com as minhas próprias forças para a primeira palestra, pois Deus não compartilharia sua glória comigo ou com qualquer outro que esteja imbuído das motivações erradas. Se eu continuasse a ter atitudes como essa, meu ministério não agradaria a Deus e sua unção me abandonaria.

Assim, Deus, em sua graça, permitiu que eu transformasse minha palestra num tremendo fracasso, de modo que ele pudesse purificar minhas motivações. Ao me dar conta disso, agradeci a Deus pela disciplina aplicada e dei em mim mesmo um puxão de orelhas, dizendo: "Obrigado, Senhor. Eu estava mesmo precisando disso!". Pedi a Deus para que me ajudasse, apesar das minhas motivações impuras, a buscar somente sua glória em tudo que eu fizesse.

É triste admitir que muitos dos dissabores que experimentamos entre os cristãos se devem ao fato de que alguns estão imbuídos de motivações impuras, erradas. Quando, por exemplo, um cristão é ferido por alguém, ele muitas vezes não descansará enquanto não se sentir justificado e até provar que aquele que o feriu estava errado. Outras vezes os dissabores resultam da ambição de certas pessoas por alguma posição de poder na igreja. O modo como as eleições para as posições de liderança na igreja ocorrem em alguns lugares é surpreendente! Os membros recebem até vantagens para votar em certos candidatos. Métodos desleais são utilizados para favorecer determinado candidato. Histórias escandalosas são inventadas para prejudicar outros. Os irmãos disputam seus direitos na justiça e não parecem se incomodar que o nome de Cristo esteja sendo desacreditado, enquanto cristãos discutem uns com os outros em frente ao mundo. Eu me arrepio só em pensar o que irá acontecer com essas pessoas no dia do juízo!

Albert Osburne foi um dos maiores compositores de hinos do Exército da Salvação. Quando ele era um jovem oficial na cidade de Londres, um avivamento se espalhou pela área em que ele vinha trabalhando. Logo após esse avivamento, um oficial o procurou para dizer que os líderes estavam pensando em dividir o seu distrito. Ele implorou a Osburne para que não deixasse isso acontecer. Ele alegava que Deus estava abençoando tanto aquele distrito que dividi-lo iria retardar a obra de Deus. O oficial lhe disse: "Eu acho que você deveria brigar por isso". Osburne respondeu: "Oh, não. Eu quero fazer a vontade de Deus e respeitar meus superiores. Eu não farei isso".

No entanto, Osburne começou a discutir sobre essa divisão com a liderança. Mais tarde ele reconheceu que a verdadeira razão da discussão era que ele sabia que perdera prestígio e poder. "Inconscientemente, eu comecei a defender, não o reino, mas a minha própria posição no reino e, o Espírito Santo ficou entristecido." Ele acrescentou: "Quando o Espírito se entristece, o Espírito desaparece". Ele disse que continuou seu ministério, mas havia uma distância entre ele e Deus. A apatia tomou conta de sua vida, e ele sentia um enorme vazio interior.

Então, Osburne sofreu um acidente automobilístico, e passou por um longo período de recuperação. E Deus começou a trabalhar em sua vida. Um dia, ainda no hospital, ele ouviu uma canção vinda do quarto vizinho ao seu. Ele disse:

"Eu ouvi pessoas cantando sobre a glória de Deus. Meu coração começou a desejar ter novamente aquele tipo de intimidade com Deus. Chorei copiosamente, arrependido. E Deus me perdoou. O Espírito veio e encheu meu coração novamente". Graças a Deus, Osburne terminou bem sua vida e até hoje é amado como um grande compositor de hinos.[1]

---

[1] Dennis F. Kinlaw, *How to Have the Mind of Christ* (Nappanee, IN: Evangel Publishing House), p. 72-73.

Capítulo doze

Vergonha e honra

Um dos aspectos mais difíceis do sofrimento para um cristão é ter que suportar a vergonha. No momento, estou lendo o livro de Jó em minhas devocionais. À medida que leio os discursos de seus quatro amigos e tento me colocar no lugar de Jó, fico pensando que para mim a vergonha que ele teve que suportar seria insuportável! Se quando sofrêssemos as pessoas apreciassem nossos sacrifícios e nos admirassem por nosso compromisso, os sacrifícios se tornariam um pouco mais suportáveis. Mas fica muito mais difícil se elas acreditarem que sofremos devido à nossa insensatez ou por estarmos sendo punidos pelo nosso mau procedimento, ainda que nós mesmos nos recusemos a admitir tais delitos.

Hebreus 13.12-13 diz que nosso modelo de como suportar a vergonha é o próprio Jesus: "Por isso, para santificar o povo por meio do seu sangue, Jesus também sofreu fora da porta da cidade. Saiamos, pois, até ele, fora do acampamento, levando a afronta que ele sofreu". Nunca devemos nos esquecer que do mesmo modo que o meio utilizado por Cristo para ganhar a nossa salvação foi vergonhoso, aqueles que servem a Cristo invariavelmente irão enfrentar a vergonha.

A carta aos Hebreus pede a seus leitores para que "saiamos, pois até ele [Cristo], fora do acampamento". Do mesmo modo que os judeus rejeitaram e expulsaram a Jesus, muitos cristãos enfrentariam a rejeição de seu próprio povo. Isso é uma coisa que vários cristãos estão enfrentando hoje. Nós, os cristãos do Sri Lanka, amamos a nossa nação. Temos recebido muitos convites para viver no exterior, mas escolhemos permanecer em nosso país, apesar dos grandes problemas que ele tem enfrentado. Quando nosso país vence o campeonato de cricket, ficamos felizes como qualquer outro povo. Contudo, nós cristãos somos acusados de sermos marionetes nas mãos das potências estrangeiras, interessadas em conquistar nosso país (através do poderio militar e econômico), como fizeram as chamadas nações cristãs no passado. Nós amamos nosso país e estamos dispostos a sofrer por seu bem-estar e prosperidade, mas nos chamam de traidores da nação. Isso é muito doloroso!

Nunca deixa de me causar espanto o fato de que, quando Paulo, possivelmente o maior herói da história da Igreja, foi a julgamento em Roma, quase no final de sua vida, ninguém da igreja romana estivesse ali para apoiá-lo. Eu acredito que 2Timóteo 4.16 é uma das mais trágicas passagens de toda a Bíblia: "Na minha primeira defesa ninguém me ajudou; pelo contrário, todos me desampararam. Que isto não lhes seja cobrado".

Hoje, entretanto, vinte séculos mais tarde, a vergonha não é de Paulo; ela pertence àqueles que o abandonaram. Vejam o que foi dito sobre Jesus: "o qual, por causa da alegria que lhe estava proposta, suportou a cruz, não fazendo caso da vergonha que sofreu, e está assentado à direita do trono de Deus" (Hb 12.2). Ele não fez caso, ou seja, desprezou a vergonha que sofreu, porque sabia que no final haveria alegria. O verbo "desprezar" é bastante forte. Jesus não suportou a vergonha com dificuldade, ele a tratou com desdém, pois tinha certeza do final glorioso.

Podemos fazer o mesmo quando temos que suportar a vergonha pela nossa fé em Cristo. Em João 12 Jesus falou sobre o modo como ele seria glorificado com sua morte e, então, desafiou seus seguidores a também produzirem frutos morrendo, como um grão de trigo (Jo 12.23-25). Em seguida, falou sobre a comunhão que devemos ter com ele no sofrimento: "Se alguém quiser me servir, siga-me; e onde eu estiver, lá também estará o meu servo" (Jo 12.26a). Então, ele descreveu a honra resultante de servir a Deus: "Se alguém me serve, o Pai o honrará" (Jo 12.26b). A honra virá no tempo de Deus.

Às vezes a honra nos é concedida durante nossa vida, como aconteceu com Jó. Mas podemos ter certeza de que a honra sempre está à espera do fiel no juízo. Um fator importante, que nos ajuda a suportar a vergonha, é a perspectiva da honra no dia do juízo. Na verdade, a doutrina do juízo é algo que nos ajuda a evitar a amargura, enquanto servimos a Jesus neste mundo caído.[1] Quando vemos pessoas desonradas e injustas serem bem-sucedidas, enquanto somos humilhados por nosso relativo fracasso, apesar da fidelidade ao nosso chamado, é muito fácil nos tornarmos amargos.

Dentro de nós há um senso de justiça que diz que o bem dever ser recompensado e o mal castigado. Quando testemunhamos o oposto, é correto ficarmos indignados. Mas não precisamos por isso sentir amargura, algo que destrói nossa alegria e nos torna ineficazes para a obra de Deus. Lamentavelmente, muitos servos de Deus que são honestos sentem uma grande amargura por causa das injustiças de que parecem ser vítimas. Isso os enfraquece física e espiritualmente. Eles devem se lembrar de que o capítulo final de suas vidas ainda não foi escrito.

Um missionário que tinha servido a Deus fielmente, durante vários anos, estava voltando para casa, nos Estados

---

[1] Eu devo esse *insight* ao livro de John Piper, *The Purifying Power of Living by Faith in...Future Grace* (Sisters, OR: Multnomah Books, 1995), p. 262-266.

Unidos, no mesmo navio em que o presidente norte-americano retornava, após uma rápida visita à África. Houve uma impressionante recepção para o presidente, mas ninguém veio receber o missionário. Ele se sentiu magoado com aquilo, e se queixou a Deus. Por que quando o presidente voltava de uma viagem curta, ele era acolhido com tamanha festa, mas quando um missionário voltava para casa, depois de longos anos de sacrifício e serviço, não havia nenhum tipo de boas-vindas para ele? Então, o missionário ouviu Deus lhe dizendo: "Calma, meu filho, você ainda não chegou em casa".[2]

Paulo disse: "Pois nossa tribulação leve e passageira produz para nós uma glória incomparável, de valor eterno" (2Co 4.17). Na verdade, suas muitas listas descrevendo seus sofrimentos em 2Coríntios, inclusive a lista dessa passagem (2Co 4.8-16), mostram que Paulo enfrentou sofrimentos bastante severos. Porém, comparado à glória que nos espera, até mesmo esse severo sofrimento pode ser visto como uma mera "tribulação leve e passageira".

Amy Carmichael (1867-1951) foi uma das grandes missionárias do século vinte. Ela resgatou um grande número de crianças na Índia, que tinham sido vendidas por seus pais para prestar serviços degradantes nos templos. Então, deu a elas um lar onde pudessem crescer felizes. Uma vez ela disse: "Nós temos toda a eternidade para celebrar nossas vitórias, mas apenas algumas horas antes do nascer do sol para alcançá-las".

Assim, pensar na honra que nos aguarda no futuro é algo que nos ajuda de duas maneiras. Primeiro, deixamos de ter

---

[2] Já ouvi muitas versões desta história, e o ponto principal do que eu tenho ouvido tem sido sempre o mesmo, embora os detalhes sejam diferentes. Assim evitei os detalhes.

motivos para sentir amargura diante da prosperidade dos ímpios; segundo, somos motivados a pagar o preço por servir a Cristo. Se não ensinarmos os cristãos sobre o céu, o inferno e o juízo, não devemos ficar surpresos se apenas alguns fiéis devotados, que estejam dispostos a pagar o preço, vão emergir de nossos ministérios. Com dinheiro e bom planejamento, nós podemos por em prática programas grandes e impressionantes. Mas jamais teremos um exército que servirá a Deus e pagará o preço necessário para colher uma safra boa e duradoura.

Capítulo treze

Solidários com Cristo

Poucos heróis da história missionária sofreram tanto como o médico David Livingstone (1813-1873). A história registra que, mesmo durante os períodos mais rigorosos do sentimento antiocidental na África, as pessoas sempre tiveram alguma coisa de bom para falar dele. Ele foi um explorador que desbravou o interior africano para o mundo. E tinha dois objetivos ao fazer isso. O primeiro era abrir o interior da África de modo que os missionários pudessem levar o evangelho para o povo da região. O segundo era preparar a África para o comércio legal, evitando, assim, a continuidade do horrível tráfico de escravos. Seus escritos tiveram um papel muito importante para a abolição da escravatura no mundo ocidental.[1]

Uma de suas mãos foi mutilada pela mordida de um leão. Sua esposa faleceu no campo. Frequentemente, em suas jornadas, ele viajava sozinho. A única casa que construiu foi queimada. Ele vivia debilitado por constantes febres e problemas intestinais. Certa vez, alguém lhe disse que ele tinha se sacrificado muito pelo evangelho. Sua resposta foi: "Sacrificado? Para mim o único sacrifício é viver longe da vontade de Deus". Uma vez perguntaram o que o havia ajudado a seguir em frente,

---

[1] J. W. Mieklejohn, "David Livingstone", *New International Dictionary of the Christian Church* (Grand Rapids, MI: Zondervan, 2002, Pradis Versão Eletrônica, produzida pela Zondervan Interactive, 2004).

apesar de tantas dificuldades. Ele respondeu que sempre, mesmo quando estava gravemente enfermo, as palavras de Jesus ressoavam em seus ouvidos: "e eu estou convosco todos os dias, até o final dos tempos" (Mt 28.20). Certa vez, Livingstone disse: "Sem Cristo, nem um único passo; com ele, vou a qualquer lugar".

Nos capítulos anteriores, dissemos que o sofrimento nos aproxima de Cristo. É a presença de Cristo em nossas vidas que nos dá coragem para continuar, a despeito da dor. Nosso Deus disse: "Nunca te deixarei, jamais te desampararei" (Hb 13.5; cf. Js 1.5). É provável que Crisóstomo (c.344/354-407) tenha sido o maior pregador da igreja nos primeiros séculos. Crisóstomo foi um apelido dado a ele pela igreja, nome que significa "boca de ouro". Ele era um destemido pregador que não temia nem mesmo fazer críticas ao imperador, que vivia na mesma cidade, Constantinopla. Ele fez o possível para aliviar a pobreza, até mesmo vendendo alguns dos tesouros da igreja para poder alimentar os pobres. É claro que na cidade muitos não gostavam dele.

O imperador ameaçou colocar Crisóstomo na prisão por causa de sua pregação. Crisóstomo respondeu que o Senhor iria para a prisão com ele. Então, o imperador ameaçou confiscar todas as suas posses, ao que Crisóstomo respondeu: "Não há como você confiscá-las. Meus tesouros estão no céu e você não pode alcançá-los". Então o imperador disse: "Bem, eu o banirei para o canto mais remoto do mundo". (No final, foi isso mesmo que ele fez, exilando Crisóstomo em uma ilha bem distante). Fazendo jus ao nome, Crisóstomo respondeu que mesmo o local mais remoto do mundo era parte do reino de seu Salvador, e ali também estaria o seu Senhor.[2]

---

[2] Extraído de Dennis Kinlaw, *This Day with the Master* (Grand Rapids, MI: Zondervan, 2004), 2 de Março.

A presença de Cristo em nossas vidas, quando enfrentamos a amargura, a hipocrisia, a maldade e a perseguição, é algo que ajuda a evitar que nos tornemos pessoas amarguradas. Quando olhamos para Jesus, sentimo-nos renovados, pois vemos um amor que é maior do que todo o ódio do mundo! Davi escreveu o Salmo 27 num momento em que passava por algumas experiências muito ruins. Ele até mesmo falou da possibilidade de seus pais o abandonarem (Sl 27.10). A principal solução encontrada por ele para seus problemas é muito esclarecedora: "Pedi uma coisa ao Senhor, e a buscarei: que eu possa morar na casa do Senhor todos os dias da minha vida, para contemplar o esplendor do Senhor e meditar no seu templo." (Sl 27.4). Ele queria esperar na presença do Senhor e contemplar a beleza de Deus. Esse contemplar purifica nossa vida de todo ferimento que nos é infligido e renova em nosso coração o brilho do amor de Deus.

Graham Kendrick apresenta essa idéia em uma de suas canções:

Ó Senhor, a tua ternura
Derrete toda a minha amargura;
Ó Senhor, eu recebo o teu amor.
Ó Senhor, o teu encanto
Transforma tudo que há de feio em mim;
Ó Senhor, eu recebo o teu amor.[3]

O refrão repete por duas vezes as palavras "Ó, Senhor, eu recebo o teu amor". Essa repetição dá a idéia de permanecer na presença de Deus, enquanto somos inundados pelo cuidado amoroso de Deus.

---

[3] Kingsway's Thankyou Music, 1986.

Por muitas vezes ouvi a afirmação de que devemos olhar para os nossos problemas, mas fixar os olhos somente em Jesus. Devo confessar que eu geralmente acabo dando bem mais do que uma olhadinha, quando enfrento um grande problema. Os lamentos na Bíblia sugerem que até mesmo os grandes santos de Deus tiveram que lidar por algum tempo com a dor que enfrentavam. Entretanto, uma vez que o lamento esteja completo e a luz do conforto de Deus clareie a nossa visão, podemos fixar nosso olhar em Jesus. E esse olhar, além de nos renovar, afasta nossa amargura, substituindo-a pela alegria em saber que Deus nos ama muito.

Durante a Segunda Guerra Mundial, as irmãs Corrie e Betsie Boom passaram vários anos na prisão e depois em um campo de concentração, pelo fato de seus pais terem dado abrigo a judeus, na época em que estes estavam sendo presos e enviados aos campos de extermínio. A mãe delas já tinha morrido, o pai morreu na prisão e o irmão havia sido solto, depois de ter ficado um período na cadeia. As duas irmãs sofreram muito no campo de concentração. Betsie morreu ali. Corrie tornou-se uma grande evangelista itinerante e escritora, após ter deixado o campo de concentração. Quando elas eram tentadas pela amargura, uma dizia para a outra: "Senhor, obrigada por Romanos 5.5". Esse versículo diz: "o amor de Deus foi derramado em nosso coração pelo Espírito Santo que nos foi dado". Quando enfrentavam a maldade dos seres humanos, lembravam a si mesmas de que o amor que Deus havia dado a elas era maior do que a maldade do mundo.

Betsie ficou doente no campo de concentração e foi ficando muito fraca, chegando a cuspir sangue quando tossia. Ela nunca se recuperou dessa enfermidade. Naquela época elas passavam a maior parte do dia retirando lixo das instalações do campo. Certa vez, Betsie estava tão fraca que não conseguia trabalhar.

Um guarda viu, e quis saber o motivo de ela não estar trabalhando. Ele achou que sua resposta era insolente e a açoitou. A pele de seu pescoço rompeu com o impacto do açoite e o sangue começou a jorrar. Corrie viu o que estava acontecendo e pegou uma pá na tentativa de agredir o guarda. Quando Betsie percebeu, gritou: "Não olhe, Corrie, olhe apenas para Jesus".

A visão de nosso Salvador, que nos ama o suficiente para morrer por nós, afasta toda dor causada por atos cruéis. Essa solidariedade com Cristo não só nos dá forças para enfrentar os golpes que recebemos, mas também nos faz experimentar o toque de seu amor, um amor que acaba com toda a nossa amargura.

O nosso sofrimento atua em benefício da igreja

... por amor do seu corpo, que é a igreja.
Colossenses 1.24c

Parte 3

Capítulo quatorze

O sofrimento e o crescimento da igreja

Temos pesquisado as implicações das duas principais afirmações sobre sofrimento e alegria, feitas em Colossenses 1.24: "Agora me alegro nos meus sofrimentos por vós e completo no meu corpo o que resta do sofrimento de Cristo, por amor do seu corpo, que é a igreja". A primeira implicação é que sofrimento e alegria são aspectos essenciais do cristianismo. A segunda implicação é que nos alegramos no sofrimento porque ele ajuda a nos aproximar de Cristo, uma vez que completa nossa experiência com o que resta do sofrimento de Cristo. Outra razão para nos alegrarmos no sofrimento é dada no mesmo versículo. Paulo diz que se alegra porque seus sofrimentos são "por amor do seu corpo, que é a igreja". Assim, ficamos felizes porque nossos sofrimentos agem em benefício da igreja.

Meu mentor, Robert Coleman, frequentemente diz que uma das flagrantes omissões nos estudos modernos sobre crescimento de igreja está na falta de uma reflexão sobre o importante papel que o sofrimento tem tido no crescimento da igreja. O testemunho das Escrituras e da própria história da igreja aponta que em geral, antes de um surto de crescimento significativo, algumas pessoas na igreja sofrem, especialmente os líderes. Esse princípio é muito bem ilustrado pelo que Paulo diz em 2Coríntios 4.8-11. Ele compartilha uma impressionante lista de seus sofrimentos:

Sofremos pressões de todos os lados, mas não estamos arrasados; ficamos perplexos, mas não desesperados; somos perseguidos, mas não desamparados; abatidos, mas não destruídos; trazendo sempre no corpo o morrer de Jesus, para que também a sua vida se manifeste em nosso corpo. Pois nós, que vivemos, somos sempre entregues à morte por causa de Jesus, para que também a vida de Jesus se manifeste em nosso corpo mortal.

Então, ele diz: "De modo que em nós atua a morte, mas em vós, a vida" (2Cor 4.12). Através da experiência de morte do líder, os membros da igreja experimentam a vida.

Hoje, os cristãos de muitos países têm a bênção de pertencer a igrejas com um expressivo número de membros. Mas frequentemente se esquecem que, antes que a igreja começasse a crescer, as primeiras testemunhas que pregaram o evangelho para seu povo tiveram que pagar um alto preço. Minha história favorita, é claro, é a dos primeiros missionários metodistas que chegaram ao Sri Lanka, dois séculos atrás.

Aquela equipe de missionários era liderada pelo já idoso Dr. Thomas Coke (1747-1814). Ele havia trabalhado no começo da obra missionária metodista na América do Norte, com Francis Asbury. Depois disso, ajudou a começar o trabalho missionário nas Índias e na África. Ele era o líder do departamento de missões da Igreja Metodista da Inglaterra e quando, já perto dos sessenta e cinco anos, anunciou que gostaria de ir para o Ceilão (nome dado ao Sri Lanka pelos países estrangeiros), as pessoas o acusaram de querer construir seu próprio reino e de estar ficando senil. Ele foi para a conferência anual com o firme propósito de levar uma missão para o Sri Lanka, mas sua proposta foi rejeitada. No entanto, ele persistiu, e poucas conferências depois ele conseguiu arrebanhar uns poucos jovens inexperientes e suas esposas que se comprometeram a ir com ele para o Sri Lanka. Ele empenhou toda a sua fortuna na missão. Com isso, finalmente obteve o consentimento que buscava na conferência.

Uma determinada manhã, pouco depois que os dois navios em que viajavam tinham acabado de entrar no oceano Índico, Coke foi encontrado morto em sua cabine. Todo o dinheiro da missão estava em nome dele. A equipe missionária estava agora sem líder e sem dinheiro! Um dos membros da expedição, Benjamin Clough, observou: "Agora tudo que temos é a confiança". Pouco mais tarde, a esposa de outro membro, William Ault, faleceu em alto-mar. Por fim, cinco missionários inexperientes desembarcaram na costa do Sri Lanka e foram servir em quatro diferentes regiões do país.

William Ault foi para a parte oriental do Sri Lanka. Quando desembarcaram, seu estado de saúde não era dos melhores. A região acabava de se recuperar de uma seca e de uma terrível epidemia. Apesar da saúde debilitada, ele começou a aprender a língua local, o Tamil, e logo começou a pregar o evangelho. Lá plantou uma igreja e construiu escolas. Sua saúde melhorou um pouco nos cinco meses seguintes e depois piorou novamente.

Ele faleceu oito meses após ter desembarcado no local. Mas deixou uma igreja com 150 membros e oito escolas. Uma dessas escolas, Batticaloa Central College, é a principal e mais antiga escola do país. Recentemente, a cidade de Batticaloa, a maior do leste do Sri Lanka, homenageou-o com uma estátua. Hoje, quem viajar pelas principais rodovias da região, perceberá que a área está repleta de igrejas metodistas. Os metodistas são o maior grupo de protestantes da região.

Pouco antes de falecer, Ault escreveu um hino. Na letra desse hino estão as seguintes palavras:

A Ásia saúda o dia que nasce
E contente por agora viver sob a influência do Messias
Estende suas mãos para Deus

Em meio aos dias sombrios de sua doença fatal, ele pôde enxergar além e ver o dia da visitação do Senhor.

Dezessete missionários morreram nos primeiros cinquenta e dois anos da missão metodista no Sri Lanka. A idade de seis deles não é conhecida. Os outros onze tinham menos de trinta anos quando faleceram.[1]

Histórias como essa têm se repetido inúmeras vezes. Quando penso nesse assunto, eu me lembro especialmente das igrejas da Nigéria e da Coréia do Sul. Esses dois países têm hoje algumas das maiores e mais vibrantes igrejas do mundo. Centenas de missionários foram enviados por esses dois países. Porém, nos primeiros anos da atividade missionária ali, os cristãos experimentaram grande sofrimento e infindáveis martírios.

É bastante significativo o fato de a palavra *mártir* ter vindo da palavra grega para testemunho, *marturia*. Testemunhar é sofrer. O escritor da epístola aos Hebreus, referindo-se aos heróis da fé, no capítulo 11, que tanto sofreram por sua fé, os descreve como uma "grande nuvem de testemunhas" (12.1). O sofrimento é uma forma de testemunho que ajuda a igreja a crescer.

São várias as maneiras pelas quais o sofrimento dos cristãos pode atuar em benefício da igreja. Discutiremos algumas dessas maneiras em nossas próximas meditações. O primeiro ponto que discutiremos é o fato de que o sofrimento ajuda a criar situações para que o evangelho possa se difundir.

---

[1] Essa informação foi extraída de *A History of the Methodist Church in Ceylon* (Colombo: The Wesley Press, s.d.), p. 23-28; 89-91; 658-659.

O livro de Atos registra que, após o martírio de Estevão, "no mesmo dia, levantou-se grande perseguição contra a igreja que estava em Jerusalém". O resultado foi que "todos, exceto os apóstolos, foram dispersos pelas regiões da Judéia e Samaria" (At 8.1). Logo Lucas relataria que "no entanto, os que foram dispersos iam por toda parte, anunciando a palavra" (At 8.4). Vemos, assim, que os refugiados estavam testemunhando a Cristo. Mais tarde Lucas registra um dos eventos mais significativos na história da igreja: a fundação da primeira igreja grega em Antioquia. Essa igreja no futuro se tornaria um dos grandes centros do cristianismo. De modo significativo, Lucas associa esse acontecimento à morte de Estevão: "Os que foram dispersos pela tribulação que se deu por causa de Estêvão foram para a Fenícia, Chipre e Antioquia" (At 11.19). Ele parece dizer que a dispersão, que aconteceu após a morte de Estevão, foi um elo fundamental para os acontecimentos que levaram a este grande salto na vida da igreja, quando os cristãos passaram a levar a mensagem do evangelho para outros povos, fora da terra de Israel.

Beneficiado por essa compreensão do passado, Lucas escolheu uma interessante palavra em Atos 8.1, 4 e 11.19 para descrever a dispersão da igreja. Essa palavra é *diaspeirō*, também utilizada para descrever o ato de espalhar sementes durante o plantio. Você pode imaginar como esses primeiros cristãos se sentiram, quando tiveram que deixar sua amada terra natal. As crianças devem ter ficado perplexas e provavelmente perguntaram a seus pais por que Jesus não os ajudava, se ainda estava vivo. Mas, aos olhos de Lucas, esses primeiros cristãos não eram refugiados, mas sim missionários. A morte de Estevão e a resultante onda de perseguição criaram uma situação que permitiu que a igreja crescesse de maneira inédita e empolgante.

Uma família indiana que vivia em uma vila predominantemente hindu se converteu a Cristo. Os moradores da vila disseram aos membros dessa família que eles iriam ser punidos por terem abandonado os deuses locais. Pouco tempo depois de terem sido batizados, um de seus filhos ficou doente. Os moradores disseram, então, que isso era uma vingança dos deuses. A família se dirigiu à igreja e pediu aos irmãos que orassem pela cura da criança, pois a honra do nome de Deus estava em jogo. Mas o menino não melhorou após as orações. Logo ele morreu e eles tiveram o primeiro funeral cristão naquele local. No entanto, durante o funeral, a vitória dos cristãos sobre o medo da morte e a esperança na ressurreição dos mortos foram claramente proclamadas. Os demais moradores ficaram muito impressionados com isso, o que levou a uma abertura maior das pessoas em relação ao evangelho. O resultado foi que com a morte do menino muitos se converteram.[2]

---

[2] Essa história foi contada por um dos meus professores no seminário, o Dr. John T. Seamands.

Capítulo quinze

Demonstrando o evangelho

Um dos temas mais importantes no evangelho de João mostra que Jesus revelou a glória de Deus. Quando utilizada em relação a Deus, a palavra *glória* significa manifestação de sua grandeza e valor. Em seu prólogo, João diz: "E o Verbo se fez carne e habitou entre nós, pleno de graça e de verdade; e vimos a sua glória, como a glória do unigênito do Pai" (1.14). João também afirmou que através de seus primeiros milagres, Jesus "manifestou a sua glória" (2.11).

Entretanto, a mais completa manifestação da glória seria na cruz, e, no evangelho de João, também encontramos a cruz descrita em termos de glória. Em um dos cruciais momentos de seu ministério, Jesus diz, referindo-se à sua própria morte: "Chegou a hora de ser glorificado o Filho do homem" (12.23). Depois disso, ele fala sobre o fato de o grão de trigo ter que morrer, antes de produzir muitos frutos. A natureza de Deus pode ser mais bem sintetizada como amor santo (ou graça e verdade, como está escrito em Jo 1.14). Na morte de Jesus podemos ver essa santidade demonstrada com clareza, na medida em que Deus expressa sua abominação pelo pecado, ao exigir o sacrifício mais valioso jamais oferecido: a morte do seu Filho eterno. Também podemos ver o amor de Deus de forma nítida, quando ele envia seu próprio Filho para suportar o castigo por nossos pecados, de modo que possamos ser eximidos da culpa.

Na igreja primitiva era notório o fato de que o martírio mostrava às pessoas a grandeza do evangelho. Mas como anda o testemunho cristão nos dias de hoje? Nos dias de hoje, as pessoas logo se cansarão de viver para si mesmas, um tipo de vida que parece não ter sentido. Elas começarão a perguntar se não foram criadas para algo mais sublime e significativo. Então, ao ver que cristãos consideram seus princípios tão importantes que estariam dispostos a sofrer por eles, elas verão com outros olhos a grandeza do evangelho.

Por volta de 320 d.C., Constantino era o imperador da parte ocidental do Império Romano, e Licínio o imperador da parte oriental. Licínio, que anteriormente tinha assinado um ato de tolerância para com o cristianismo, começou a reprimi-lo. Ele ordenou a suas tropas que reprimissem o cristianismo com a morte. Em Sebaste, na Armênia (hoje parte da Turquia), quarenta soldados se recusaram a desistir do cristianismo. Como eram bons soldados, seu líder não queria matá-los. Assim, ele tentou recorrer a promessas, ameaças e espancamentos, mas tudo isso em vão. Finalmente, em um fim de tarde, os soldados foram totalmente despidos e levados para o meio de um lago de águas quase congeladas. O líder lhes disse: "Vocês poderão voltar às margens assim que estiverem prontos para negar sua fé". Para tentá-los, às margens do lago foram acesas fogueiras e preparados banhos quentes, e havia também roupas, comida e bebidas bem quentinhas.

Com o cair da noite, trinta e nove desses soldados permaneceram firmes, mas um deles voltou para a margem e salvou sua vida. Um dos guardas, que observava o episódio, ficou tão tocado com a determinação dos cristãos que despiu suas próprias roupas e se juntou a eles, fazendo com que seu número voltasse a ser quarenta. Na manhã seguinte, todos estavam mortos.[1]

Outra versão dessa história diz que, enquanto eram levados para o meio do lago, eles cantavam repetidamente que eram quarenta soldados que não trairiam a Cristo, mas que o serviriam até o fim. Quando um deles desistiu, eles passaram a cantar que eram "trinta e nove soldados". Entretanto, quando o guarda se juntou a eles, ele entrou no lago cantando que eles eram quarenta soldados que não trairiam a Cristo. Esse guarda viu a glória do evangelho quando viu o modo como os soldados estavam dispostos a sofrer por Cristo.

O sociólogo Rodney Stark escreveu um livro brilhante, *The Rise of Christianity*, no qual ele descreve como o cristianismo, que se originou de um pequeno grupo em Israel, passou a ser a força dominante do Império Romano em um curto período de tempo. Ele apresenta fatores que teriam contribuído para esse grande movimento em direção a Cristo. Ele mostra que houve duas grandes epidemias durante os primeiros séculos. Se aqueles que eram afetados pela epidemia recebessem os devidos cuidados, havia uma boa chance de que sobrevivessem. Porém, muitas vezes, quando um membro da família contraía a doença, os demais membros o abandonavam sem cuidado algum, deixavam suas casas e iam para locais não afetados pela epidemia. Os cristãos, porém, não faziam isso. Como resultado, a porcentagem de cristãos que sobreviveu foi bem mais elevada do que a de não-cristãos. Além disso, os cristãos também cuidaram daqueles que foram deixados para trás pelos membros da

---

[1] Esta versão da história foi extraída principalmente de Mark Water, *The New Encyclopedia of Christian Martyrs* (Grand Rapids, MI: Baker, 2001), p. 431.

família. Stark salienta que a atitude que os cristãos demonstraram, estando dispostos a sofrer para cuidar dos doentes, teve um papel fundamental para o grande número de pessoas no Império Romano que se converteram a Cristo.[2] No mundo de hoje, os evangélicos são vistos como um grupo irremediavelmente fora de compasso em relação à atitude pluralista "progressiva" que muitos adotam para com a religião. Isso ocorre pelo fato de os evangélicos afirmarem "de forma arrogante" a singularidade absoluta de sua fé. No entanto, não podemos nos esquecer de que essa doutrina foi forjada e defendida pelos cristãos no primeiro século do Império Romano, num contexto religioso tão pluralista quanto a nossa sociedade de hoje. Os primeiros cristãos também foram desprezados e perseguidos em decorrência de suas atividades evangelísticas. Mas eles suportaram a perseguição com tal poder que sua resposta serviu como fator de grande atração para as pessoas. Vimos isso acontecer com o centurião romano que, ao testemunhar a morte de Jesus, exclamou: "É verdade, este homem era o Filho de Deus!" (Mc 15.39).

Será que é dessa forma que o mundo nos vê sofrer pela verdade do evangelho? Temo que eles muitas vezes nos vejam muito mais como pessoas preocupadas em proteger o próprio poder e prestígio e lutando para reconquistá-los, do que como pessoas preocupadas em amar seus inimigos. Certa vez, o membro de um governo que perseguia os cristãos perguntou a uma pessoa detida por causa do evangelho: "O que é que teu Deus pode fazer por você agora?" O cristão respondeu: "Ele me pode me dar forças para que eu seja capaz de te perdoar".

---

[2] Rodney Stark, *The Rise of Christianity: How the Obscure, Marginal Jesus Movement Became the Dominant Religious Force in the Western World in a Few Centuries* (São Francisco: Harper São Francisco, 1997), p. 73-94.

Muitos missionários foram mortos e suas propriedades destruídas ou danificadas, durante a Revolução dos Boxers, na China, no início do século vinte. Um acordo foi selado, por meio do qual os estrangeiros seriam recompensados pelas perdas sofridas. A missão dirigida por Hudson Taylor, *China Inland Mission*, recusou-se a receber a indenização que lhe cabia.[3] Essa atitude levou o governador chinês a fazer uma declaração de louvor concedendo uma grande honraria a Jesus.[4]

O sofrimento traz à tona as verdadeiras questões da vida. Em meio ao sofrimento você pode ver se aquilo pelo qual uma pessoa viveu foi ou não para o seu bem. A maior parte das pessoas teme o sofrimento e faz de tudo para evitá-lo. E se as pessoas pudessem ver que os cristãos têm uma fé tal que os ajuda a enfrentar os sofrimentos com alegria? Certamente isso chamaria sua atenção. Muitas seriam forçadas a levar as alegações de Cristo mais a sério por causa disso.

Houve um missionário que serviu fielmente a Deus por muitos anos entre um grupo de pessoas não alcançadas pelo evangelho. Durante toda a sua vida, ele nunca viu uma pessoa sequer daquele grupo se converter a Cristo. Após sua morte, um jovem missionário foi enviado para substituí-lo, tendo ficado surpreso com o fato de que quase todas as pessoas do grupo estavam respondendo ao chamado do evangelho. Ele perguntou a elas por que não tinham respondido ao evangelho durante o tempo em que aquele grande missionário estivera entre elas. Elas responderam que aquele velho missionário

---

[3] A. J. Broomhall, *Hudson Taylor and China's Open Century,* Book Seven: *1888-1988, It Is Not Death to Die* (Londres: Hodder e Stoughton e Overseas Missionary Fellowship, 1989), p. 32.

[4] Ibid., p. 480-481.

tinha lhes dito que, se elas se tornassem seguidoras de Cristo, não temeriam mais a morte. Isso as tinha impressionado, mas precisavam saber se era mesmo verdade. Assim, esperaram até que o missionário morresse, e o modo como ele encarou a morte foi o que fez com que todas quisessem se converter.

Capítulo dezesseis

Identificando-se com as pessoas

Nós começamos o capítulo anterior nos referindo ao prólogo do evangelho de João, especialmente João 1.14: "E o Verbo se fez carne e habitou entre nós, pleno de graça e de verdade; e vimos a sua glória, como a glória do unigênito do Pai". Em meio às muitas pepitas que encontramos nesse versículo está aquela que chamamos de doutrina da encarnação. O grande Verbo de Deus, descrito no início do capítulo, se fez carne, tornando-se um ser humano comum, terreno. O dicionário define *encarnação* como "ato pelo qual uma divindade ou espírito assume a forma humana".[1] Com o objetivo de nos salvar, Jesus se tornou um de nós.

Mais tarde, após sua ressurreição, Jesus disse a seus discípulos: "Assim como o Pai me enviou, também eu vos envio" (Jo 20.21). Jesus veio ao mundo para trazer salvação à humanidade, assim como também cabe a nós levar ao mundo sua mensagem de salvação. Porém, muitas pessoas que precisam do evangelho não são como nós. Portanto, do mesmo modo que Jesus precisou se tornar como um de nós para conseguir nossa salvação, também precisaremos nos tornar como elas para lhes trazer salvação. A salvação é um privilégio glorioso, mas ela também traz consigo uma grande responsabilidade. Milhões

---
[1] *Merriam Webster's Collegiate Dictionary*, versão eletrônica.

de pessoas não conhecem a salvação do modo que conhecemos. Portanto, devemos levar o evangelho para elas. Porém, pelo fato de serem tão diferentes de nós, torna-se um grande desafio nos identificarmos com elas. A isso damos o nome de ministério encarnacional. Paulo assim descreve suas tentativas de se identificar com as pessoas:

> Pois, sendo livre de todos, tornei-me escravo de todos para ganhar o maior número possível: para os judeus, tornei-me judeu, para ganhar os judeus. Para os que estão debaixo da lei, como se eu estivesse debaixo da lei (embora eu não esteja), para ganhar os que estão debaixo da lei. Para os que estão sem lei, como se estivesse sem lei (não estando sem lei para com Deus, mas debaixo da lei de Cristo), para ganhar os que estão sem lei. Para os fracos tornei-me fraco, para ganhar os fracos. Tornei-me tudo para com todos, para de todos os meios vir a salvar alguns (1Co 9.19-22).

Acho que a coisa mais difícil nessa lista é a declaração de Paulo de que ele se tornou fraco para ganhar os fracos. Todos nós gostamos de agir a partir de uma posição de força, para estar no controle, para que as coisas caminhem da forma que queremos. Mas essa não é a maneira do evangelho. É muito comum ouvirmos as pessoas dizerem que estão à procura de uma igreja onde não se sintam incomodadas. Penso que essa declaração é um verdadeiro escândalo! Desde quando as igrejas deveriam ser locais onde as pessoas não se sintam incomodadas? Há necessidades demais neste mundo para que os cristãos não se sintam incomodados!

Li uma notícia que expressa bem essa atitude encarnacional. A notícia falava sobre uma igreja, localizada ao lado de uma universidade, que queria muito alcançar os estudantes universitários não-cristãos dessa instituição. Um dia, quando o pastor estava pregando, um jovem com cabelos muito longos, descalço e vestindo roupas extremamente casuais entrou na igreja. Ele caminhou pelo corredor do templo e, em vez de se acomodar em um dos confortáveis bancos, sentou-se no chão. Um dos presbíteros da igreja caminhou na direção do jovem, deixando a congregação curiosa em relação à atitude que iria tomar. Mas a única coisa que ele fez foi sentar-se ao lado do jovem até que o culto terminasse.

Não é interessante o fato de que a primeira coisa que Jesus fez, quando encontrou a mulher samaritana, não foi se apresentar ou se oferecer para ajudá-la a sair da situação terrível em que vivia (ela, que já tivera cinco maridos e agora vivia com outro homem)? Em vez disso, a primeira coisa que o Senhor do universo, o Criador de toda a água que existe no mundo disse a ela foi: "Dá-me um pouco de água" (Jo 4.7). Ele pediu para que ela lhe desse algo que ele mesmo havia criado e sobre o qual tinha total controle! O que Jesus fez foi tornar-se fraco para ganhar essa pessoa moralmente fraca, que caso contrário teria ficado intimidada com sua presença.

Hebreus 2.18 faz uma declaração espantosa sobre Jesus: "Porque naquilo que ele mesmo sofreu, ao ser tentado, pode socorrer os que estão sendo tentados". Apenas tente imaginar isso: o fato de o Deus santo e poderoso sofrer quando tentado! Essa é apenas uma das declarações que descrevem seu estilo encarnacional. Aqui mais uma impressionante declaração: "Assim, na forma de homem, humilhou a si mesmo, sendo obediente até a morte, e morte de cruz" (Fl 2.8). O Senhor da vida morreu. Aquele que é imaculado tomou sobre si o salário do pecado. Entretanto, uma das coisas que mais nos aproximam de Jesus é o fato de que ele sabe tudo aquilo por que passamos. Ele se aproxima de nós em todas as nossas experiências. O mundo precisa pensar o mesmo de nós, cristãos. Precisa saber que estamos com eles em todas as suas lutas. Hoje as pessoas muitas vezes veem os cristãos como aqueles que se opõem às coisas erradas. E de fato devemos fazer isso, para restaurar um pouco de sanidade a esse mundo em que o mal tem causado os estragos mais terríveis. Temos que nos opor ao aborto, à pornografia, às práticas homossexuais e ao adultério. E sempre que o fizermos, vamos sofrer. As pessoas vão ficar contra nós e nos acusar de todo o tipo de injustiças. Quando tentarmos ajudar as pessoas afetadas por esses comportamentos, passaremos por muitos transtornos e experimentaremos dor e até mesmo rejeição por parte das mesmas pessoas que estamos tentando ajudar. Eu oro para que o mundo possa nos ver sofrendo com dignidade — não esperneando ou protestando pela forma como estamos sendo tratados, mas mostrando apenas que sofrer por nossos princípios é uma honra e uma alegria.

Para sofrer dessa maneira, temos que ver o sofrimento como algo normal para o cristianismo. Afinal de contas, não foi o próprio Jesus que previu: "No mundo tereis tribulações" (Jo 16.33)? Então por que ficamos tão aborrecidos quando alguma coisa não corre bem? Por que quase sempre concluímos, quando alguém está sofrendo pelo evangelho, que essa pessoa deve estar fazendo algo de errado? G.K. Chesterton disse: "Jesus prometeu a seus discípulos três coisas: que seriam totalmente destemidos, absurdamente felizes e estariam constantemente em dificuldades".[2]

Os cristãos são apaixonados por missão. Uma vez que conhecemos Cristo, tornamo-nos seus embaixadores neste

---

[2] Citado em Mark Water, *The New Encyclopedia of Christians Martyrs* (Grand Rapids, MI: Baker, 2001), p. 947.

mundo. Por isso, devemos combater o preconceito, a injustiça, a corrupção e a decadência moral. Devemos ajudar os necessitados. E, o que é mais importante, nunca devemos nos esquecer de que as pessoas sem Cristo estão perdidas eternamente. Temos que fazer tudo o que pudermos para trazê-las para Cristo. Temos sempre que nos perguntar: "Como posso me aproximar dessas pessoas?". E temos que estar dispostos a pagar o preço para tornar isso possível.

George Harley foi um médico americano que, juntamente com a esposa, foi em missão para a Libéria. Ele tinha se formado na famosa Universidade de Yale e obteve o seu Ph.D em doenças tropicais pela Universidade de Londres. Harley serviu em uma área remota da selva, à qual chegou depois de dezessete dias de caminhada ao lado de sua esposa, que estava grávida. Após cinco anos de trabalho naquela área, ninguém ainda tinha respondido ao evangelho. Todas as semanas ele e a esposa se reuniam para o culto, e as pessoas eram convidadas a participar, mas nenhum africano se juntava a eles. Pouco tempo depois, Haley perdeu seu filho. Ele mesmo teve que construir e carregar o caixão até o local do sepultamento. Ele estava sozinho, exceto por um africano que viera para ajudá-lo.

Enquanto Harley cavava o solo para o sepultamento, foi tomado pela dor, enterrou o rosto na terra fresca e chorou. O africano, presenciando aquilo, levantou a cabeça do doutor Harley pelos cabelos e olhou em seu rosto por um longo tempo. Então, correu de volta para a aldeia, gritando: "Homem branco, homem branco, ele chora como um de nós". No domingo seguinte, o culto estava repleto de africanos.

Harley serviu na Libéria por quase trinta e cinco anos. Suas realizações em vários campos são impressionantes. Ele fez o primeiro mapa geográfico acurado da Libéria. Também recebeu a mais alta condecoração que o governo do país pode conceder. Contudo, antes de tudo isso, ele teve que perder seu próprio filho. Quando um bispo de sua denominação (ele era metodista) disse isso a Harley, este, referindo-se a Deus, respondeu: "Ele também tinha um garoto, como você sabe".[3]

Do mesmo modo, em nossos próprios países, antes de as pessoas se converterem a Jesus, terão que ver os cristãos se transformarem em um só coração com elas nas experiências que enfrentam. Vejamos, por exemplo, o que isso representaria no caso de um marido incrédulo que não gosta da igreja, mas adora futebol. Antes que ele se converta a Cristo, sua esposa, que é cristã e ama a igreja, embora não goste de futebol, pode ir a uma partida de futebol com ele. Ela precisará aprender alguma coisa sobre esse esporte, para que possa ter uma conversa inteligente com o marido sobre o assunto.

Quando eu estava saindo de viagem para a minha cidade, Colombo, um colega do escritório me perguntou se eu poderia levar uma mensagem para a família de uma aldeia onde tínhamos começado um trabalho. Isso foi antes de os telefones se popularizarem nas aldeias; por isso, as mensagens tinham que ser entregues pessoalmente. Eu estava com pressa, pois tinha uma reunião em Colombo, mas disse que mesmo assim entregaria a mensagem. Quando me dirigi para a aldeia, a família budista para quem eu deveria entregar a mensagem fez questão de me convidar para uma xícara de chá. Agradeci o convite, dizendo que eu estava com pressa e não poderia aceitá-lo,

---

[3] Esta história é relatada por Dennis F. Kinlaw, *This Day with the Master* (Grand Rapids, MI: Zondervan, 2004), 4 de Abril. Eu extraí diversos detalhes de uma peça que Dr. Charles Killian, do Asbury Theological Seminary, escreveu. Meus agradecimentos ao missionário e antropólogo Dr. Darrell Whiteman, que compartilhou essa história comigo.

e me dirigi para Colombo. Espalhou-se um boato de que um diretor da missão Jovens para Cristo tinha vindo à aldeia, mas era arrogante demais para tomar uma xícara de chá em uma das casas da aldeia.

Na cultura dessas comunidades, onde hospitalidade é um valor de extrema importância, você não pode visitar uma casa e sair sem ter tomado chá. Percebi então que se não pudesse tomar chá com eles, eu não deveria nem ter vindo à aldeia. Os aldeões não compreendem o nosso jeito urbano voltado para a eficiência. E se quisermos trabalhar com essas pessoas, teremos que abrir mão de alguns dos nossos valores urbanos, de modo a não ofendê-las.

Estamos vivendo em uma época em que o estudo da antropologia tem se tornado bastante popular, até mesmo na igreja. A antropologia é uma área que pode ajudar muito o nosso testemunho, pois nos ensina as características da cultura e o comportamento das pessoas para as quais fomos chamados. Entretanto, todo esse conhecimento será inútil sem uma identificação encarnacional. A identificação pode parecer um caminho pouco eficiente para se tomar. Os resultados são muito demorados. Por isso, muitos concluirão que ela é uma rota por demais frustrante em um mundo onde os resultados têm que aparecer rapidamente. Muitos optarão por desistir desse tipo de chamado e tentarão fazer algo mais fácil, que traga resultados mais rápidos.

Eu costumava pensar que a habilidade de conviver com as próprias frustrações era um dos pré-requisitos mais necessários para a obra missionária. Hoje, expandi um pouco mais essa idéia e vejo que ela é uma habilidade essencial para todo e qualquer testemunho cristão. As pessoas estão tão distantes da maneira de pensar e viver do evangelho, que não responderão de forma imediata ao nosso testemunho. Nós precisamos estar com elas, entendê-las e ajudá-las a nos entender. Isso é bastante frustrante, mas fará com que elas fiquem mais abertas a ouvir com o coração a nossa mensagem. A identificação é o caminho que abrirá as portas para um testemunho dinâmico da fé cristã.

Capítulo dezessete

Aprofundando nosso impacto

Outra maneira pela qual o sofrimento atua em benefício da igreja é pelo fato de que ele aprofunda nosso impacto. Em diferentes épocas da história da igreja, a fé sem profundidade causou-lhe muitos danos. As pessoas se diziam cristãs, mas não seguiam o caminho do verdadeiro discipulado. Elas não tomavam sua cruz enquanto seguiam a Cristo. Ainda hoje podemos observar esse problema na igreja, em vários locais. Talvez a melhor maneira de aprofundar a fé desses cristãos superficiais seja por meio do sofrimento.

Por incrível que pareça, até mesmo Jesus teve que sofrer para que seu impacto pudesse ser mais profundo. Hebreus 5.8-9 diz: "Embora sendo Filho, aprendeu a obediência por meio das coisas que sofreu. Depois de aperfeiçoado, tornou-se a fonte da salvação eterna para todos os que lhe obedecem". Embora Jesus nunca tenha sido desobediente, teve que aprender a obediência por meio do sofrimento. Embora Jesus nunca tenha sido imperfeito, num certo sentido foi aperfeiçoado na sua morte. Leon Morris explica: "... foi obedecendo que Jesus aprendeu a obedecer. Há uma certa qualidade envolvida no fato de alguém realizar uma ação que lhe é exigida — uma qualidade que falta quando a pessoa simplesmente está pronta a agir. A inocência difere da virtude".[1] Havia uma obediência mais profunda e um novo nível de maturidade, de aperfeiçoamento, que ele somente alcançaria por meio do sofrimento.

Observe que Hebreus 5.8 começa com as seguintes palavras: "Embora sendo Filho...". Como Morris coloca: "O autor não disse 'porque ele era Filho', mas 'embora sendo Filho'. Jesus tinha uma posição tal que ninguém poderia esperar que ele sofresse".[2] Às vezes, quando um cristão sofre por sua fé em Cristo, as pessoas dizem: "Você não merece sofrer dessa maneira". A Bíblia, no entanto, declara que precisamos passar pelo sofrimento para que possamos nos tornar pessoas melhores. Nossos olhos estão voltados para o propósito de sermos grandes para Deus, de sermos usados por Deus em plenitude. Assim, temos que aceitar que o sofrimento é o caminho para grandeza.

Eu não poderia dizer que passei por muitos momentos de sofrimento em minha vida familiar, nem antes nem depois do casamento. Embora eu tenha tido minha parcela de tribulações como estudante, eu não poderia dizer que realmente sofri antes de entrar para o ministério. Mas Deus me chamou para ministrar para aqueles que sofrem. Desde que entrei para o ministério, eu frequentemente experimento uma dor profunda. Agora, percebo que eu de fato precisava experimentar o sofrimento, para que pudesse servir melhor a Cristo.

Certa vez, enfrentei uma profunda crise de rejeição, quando uma pessoa interpretou de forma totalmente errada algo que fizera em meu ministério a um custo pessoal bastante

---

[1] Leon L. Morris, "Hebrews", *Expositor's Bible Commentary*, Frank E. Gaebelein, editor geral (Grand Rapids, MI: Zondervan, 1976-1992; Versão eletrônica Pradis, produzida pela Zondervan Interactive, 2004).

[2] Ibid.

alto. A reação dessa pessoa me causou muita dor, e por muito tempo lutei contra a amargura que isso havia provocado. Quando viajei para os Estados Unidos, telefonei para um amigo canadense, Brian Stiller, e lhe contei sobre a dor pela qual estava passando. Jamais me esquecerei de suas palavras. "Um dia — ele disse — você vai perceber que essa experiência teve um papel fundamental para ajudá-lo a se tornar um servo de Cristo muito mais eficaz." Agora, cerca de quinze anos mais tarde, eu posso dizer que foi exatamente isso que aconteceu.

Desde então tenho enfrentado muitas outras experiências dolorosas. Mas sei, sem sombra de dúvida, que essas experiências têm me ensinado verdades profundas sobre minha vida e meu ministério, que de outro modo eu jamais aprenderia. Elas fizeram de mim um servo melhor. Dizem que, para Martinho Lutero, três coisas eram necessárias para se fazer uma boa teologia: oração, meditação e tribulação.

Certa vez, um professor de música de Viena fez o seguinte comentário sobre uma de suas alunas: "Ela é uma cantora magnífica, contudo, parece faltar alguma coisa em sua voz. A vida tem sido muito boa para ela. Mas se algum dia alguém partisse seu coração, com certeza ela seria a maior cantora da Europa!".[3] Não apenas para a vocação ministerial, mas em todo tipo de vocação, o sofrimento ajuda a trazer profundidade.

Dennis Kinlaw conta a história da esposa de um pastor que somente se tornou uma cristã verdadeiramente comprometida após a morte do marido. Ela era uma cristã apaixonada, uma ganhadora de almas. O Dr. Kinlaw foi visitá-la, pois ficou sabendo que ela estava perdendo a visão. Ela lhe disse: "Dennis,

---

[3] James S. Stewart, "Wearing the Thorns as a Crown", *Classics Sermons on Suffering*, comp. Warren W. Wiersbe (Grand Rapids, MI: Kregel, 1984), p. 92.

você veio para me confortar, não veio?". A pergunta foi feita quase como uma acusação. Kinlaw respondeu: "Sim". Então, ela disse: "Você me privaria do privilégio de caminhar com Cristo pela escuridão? Há certos segredos que só posso aprender na escuridão e que eu jamais poderia aprender na luz".[4]

Depois de certo tempo de caminhada com Cristo, aprendemos a não nos surpreender com a dor e o desapontamento. Então, quando nos deparamos com uma tribulação inesperada que acreditamos não merecer, afirmamos que Deus a permitiu para que possamos nos tornar pessoas mais profundas. Com tal atitude, podemos superar a amargura que certamente iria nos abater juntamente com o desapontamento.

Meu filho é formado em ciências da computação. Quando ele era menino, certo dia cometeu um erro no computador para o qual parecia não encontrar uma saída. Eu nunca esquecerei a alegria estampada em seu rosto, sobretudo porque eu mesmo teria achado a experiência muito frustrante. Mas ele me disse: "Eu adoro quando acontecem coisas assim, pois então eu aprendo um monte de coisas novas sobre computadores".

Uma das experiências mais dolorosas na vida de um cristão que esteja profundamente envolvido em ajudar os outros é ver aqueles em quem investiu cair em algum pecado grave. Mas isso nos força a fazer várias perguntas e, ao tentar respondê-las, aprendemos importantes verdades sobre a vida cristã. Eis aqui algumas perguntas que somos forçados a fazer:

◆ Onde foi que essa pessoa errou? Por que fez isso?

---

[4] Dennis F. Kinlaw, *This Day with the Master* (Grand Rapids, MI: Zondervan, 2004), 11 de setembro.

- Aconteceu alguma coisa antes desse pecado que tenha aberto a porta para que essa pessoa ficasse vulnerável à tentação?
- Como ela poderia ter evitado essa situação?
- Como devemos disciplinar essa pessoa?
- Como podemos recuperá-la?
- Quem deveria saber sobre esse assunto? Por que deveríamos dizer a esse grupo e não a outro?
- Como devo lidar com esse desapontamento?

A maior parte das epístolas do Novo Testamento foi escrita em resposta a certos problemas. Quando se deparavam com os problemas, os autores bíblicos desenvolviam uma profunda teologia. O mesmo vale também para os grandes escritos dos primeiros apologistas (defensores da fé). Muitos foram escritos em resposta a problemas internos ou externos à igreja.

- A primeira epístola aos Coríntios mostra que havia desunião na igreja, pecados sexuais graves, cristãos indo aos tribunais uns contra os outros, abusos na Santa Ceia, confusão em relação aos dons espirituais, e cristãos que não acreditavam na futura ressurreição. Isso resultou em um livro recheado de conselhos práticos que ainda hoje são bastante úteis para os cristãos.
- A segunda epístola aos Coríntios foi escrita após Paulo ter experimentado a dor profunda de ter sido rejeitado por uma igreja que tinha plantado. Tanto a dor quanto o consolo que ele recebeu por meio da restauração resultaram em uma das mais profundas e belas expressões escritas da glória do ministério.

- A epístola aos Gálatas não traz a costumeira oração inicial. Em vez disso, logo depois das saudações, Paulo diz: "Estou admirado de que estejais vos desviando tão depressa daquele que vos chamou pela graça de Cristo para outro evangelho" (1.6). O povo tinha se deixado enganar por falsos ensinamentos, e a resposta de Paulo é um brilhante exemplo de uma teologia profunda e vibrante.

- A desunião da igreja em Filipos resultou naquela que é provavelmente a mais profunda reflexão sobre a encarnação na Bíblia (Fp 2.1-11).

Nós poderíamos continuar a encontrar muitos exemplos também nas outras epístolas.

Não há atalhos para quem quer se crescer em profundidade. Se você quiser causar um impacto profundo neste mundo, fatalmente terá que passar pelo sofrimento.

Capítulo dezoito

Sofrimento e credibilidade

Paulo muitas vezes apresenta seu sofrimento pelo evangelho como prova da credibilidade de seu ministério. Ele fez isso várias vezes em 2Coríntios, para defender seu apostolado que estava sendo questionado. Um bom exemplo é 2Coríntios 6.4-10, que começa assim: "Antes, em tudo nos recomendamos como servos de Deus" (v. 4a). Em seguida, ele enumera por que é capaz de recomendar a si mesmo. A longa lista de Paulo tem três partes. Primeiro, ele apresenta dez fatores que fazem parte de seus sofrimentos: "em muita perseverança, em tribulações, em dificuldades, em angústias, em chicoteamentos, em prisões, em tumultos, em trabalhos, em noites sem dormir, em jejuns" (v. 4-5b). A seguir, ele apresenta nove fatores que compõem a sua santidade: "em pureza, em conhecimento, em paciência, em bondade, no Espírito Santo, no amor não fingido, na mensagem da verdade, no poder de Deus, pelas armas da justiça, tanto de ataque como de defesa" (v. 6-7). Por fim, ele fornece mais uma lista de nove causas de sofrimento: "por honra e por desonra, por difamação e por boa reputação; como se fôssemos mentirosos, sendo, porém verdadeiros; como desconhecidos, porém bem conhecidos; como quem está morrendo, mas de fato vivendo; castigados, porém não mortos; entristecidos, mas sempre alegres; pobres, mas enriquecendo a muitos; nada tendo, mas possuindo tudo" (v. 8-10).

Assim, Paulo defende a credibilidade de seu ministério ao citar dezenove formas de sofrimentos e nove aspectos de sua santidade. Estes são os dois principais meios de ganhar o coração das pessoas que lideramos: santidade e sofrimento pela causa que defendemos.

Escrevendo aos Gálatas, que estavam sendo enganados por falsos mestres que rejeitavam a posição e a mensagem de Paulo, ele disse: "Quanto ao restante, que ninguém me importune, pois trago no corpo as marcas do sofrimento de Jesus" (6.17). Assim como as "marcas" ou os estigmas de um escravo revelavam quem era seu dono, as cicatrizes que Paulo recebera dos espancamentos que sofrera mostram ser ele um genuíno escravo de Cristo.[1]

Paulo começa a parte prática de sua carta aos Efésios com as seguintes palavras: "Portanto, eu, prisioneiro no Senhor, peço-vos que andeis de modo digno para com o chamado que recebestes" (4.1). O fato de ele ser um prisioneiro o qualificava a exortar seus leitores. Hoje a exortação está fora de moda. Ela soa arrogante para algumas pessoas, especialmente para aquelas que não estão dispostas a se submeterem à verdade absoluta encontrada nas Escrituras.

Até mesmo os evangélicos se sentem embaraçados com a lembrança do tipo de exortação feita por seus antepassados fundamentalistas, que falavam com autoridade, mas o faziam de uma maneira que provou ser inútil. Portanto, tem havido uma mudança no estilo de proclamação em muitas partes da igreja. Parece que hoje o entretenimento substituiu a paixão como um meio de atrair as pessoas para a igreja.

---

[1] James M. Boice, "Galatians", *Expositor's Bible Commentary*, Frank E. Gaebelein, editor geral (Grand Rapids, MI: Zondervan, Pradis Versão Eletrônica, produzida pela Zondervan Interactive, 2004).

Infelizmente, estragamos tudo ao permitir que a paixão se torne uma forma de arte que não está alicerçada na sinceridade. Nós permitimos que pregadores incríveis — mas cujas vidas não são santificadas e que estão enriquecendo com sua pregação, em vez de sofrerem pelo evangelho — galguem posições de destaque como importantes líderes e representantes públicos do cristianismo. Charlatões têm falsificado a paixão. Adolf Hitler enganou uma nação inteira através de seus discursos inflamados, levando seus habitantes a praticar coisas que de outra forma jamais teriam sonhado fazer. Naturalmente, hoje as pessoas suspeitam da paixão. Alguns a veem apenas como um instrumento de marketing utilizado por pessoas como vendedores mal intencionados, cuja única intenção é alcançar bons resultados.

Entretanto, a paixão ardente é uma característica da pregação bíblica (Jr 20.9; Jo 5.35; 1Co 9.16). Como poderemos recuperá-la? Como poderemos trazer a exortação de volta à igreja? Um dos segredos é ter pregadores que tenham sido inflamados pela verdade da Palavra através do Espírito Santo, e que estejam dispostos a pagar o preço desse compromisso com a verdade. A palavra *paixão* vem de *passione*, a palavra latina para designar sofrimento, padecimento.

Quando um jovem japonês, Toyohiko Kagawa (1888-1960), leu a história da crucificação pela primeira vez, foi tomado pela emoção. Ele perguntou: "É verdade que homens cruéis perseguiram, açoitaram e cuspiram nesse homem chamado Jesus?". Então lhe responderam: "Sim, é verdade". E ele perguntou: "É verdade que Jesus os perdoou, quando estava morrendo na cruz?". "Sim, é verdade", foi a resposta que lhe deram. Kagawa, então, disse: "Ó Deus, faça me igual a Cristo". Ele se converteu e essa se tornou a oração da sua vida.

Kagawa foi repudiado por sua família, mas permaneceu firme em sua fé. Ele se matriculou em um seminário teológico, e durante o período em que esteve lá foi atacado pela tuberculose, vindo quase a falecer. Teve contato com a pobreza, a exploração humana e a prostituição na cidade em que vivia e ficou chocado. Embora sua saúde estivesse frágil, ele foi viver na favela. Ali, ele trabalhou pelos pobres por quinze anos. Kagawa se tornou um famoso evangelista e reformador social. Certa vez, quando fez uma viagem pelos Estados Unidos, ele falou em uma reunião, e alguém que o ouvira falar comentou com a pessoa que estava ao lado: "Bem, ele não falou muita coisa, falou?" A pessoa respondeu: "Não, ele não falou muito, mas se você estivesse pregado em uma cruz, acho que também não teria que falar muito!".[2]

A cada dia o cinismo cresce mais e mais dentro da igreja. Os cristãos têm visto o fracasso de muitos líderes em viver à altura de sua vocação. Eles têm visto o egoísmo, quando a agenda com que o líder quer que a congregação se comprometa vem a se revelar muito mais uma agenda pessoal do que propriamente a agenda do reino. Eles têm visto líderes usando a igreja para ficarem ricos, muitas vezes à custa da exploração dos mais fracos e vulneráveis. Eles têm visto pregadores que não colocam em prática aquilo que pregam. Eles têm visto líderes que clamam por um compromisso com a missão e, então, exploraram e abusam daqueles que responderam a seu clamor.

Se a tendência persistir, poderíamos acabar com uma "era das trevas" na igreja. Se os líderes que proclamam a verdade não viverem essa verdade, os cristãos podem acabar por rejeitar a mensagem que eles pregam. Como poderemos trazer de volta para a igreja o saudável respeito pela verdade? Uma das

---

[2] Extraído de E. Stanley Jones, *The Word Became Flesh* (Nashville: Abingdon Press, 1963), p. 288.

maneiras seria proclamar a verdade com sabedoria, sob a unção do Espírito. Outra maneira é que os líderes vivam com fidelidade a vida cristã e estejam dispostos a pagar o preço por isso. Precisamos de líderes que estejam dispostos a abrir mão do conforto, da própria conveniência e até mesmo de seu bom nome pela verdade. Precisamos de líderes que mesmo sofrendo pela verdade ainda mantenham a alegria no Senhor, e assim, testifiquem a grandeza do evangelho que pregam. Então, as pessoas concluirão que, se o sofrimento não afasta a nossa alegria, uma vida de obediência a Deus é realmente a melhor forma de viver.

Talvez alguém que esteja lendo isso, esteja no momento sofrendo pela verdade e achando essa dor muito difícil de suportar. Você está machucado, e ainda pior, está se sentindo humilhado porque as pessoas estão com pena de você. Você experimenta muitas dificuldades por causa daquilo que acredita ser a causa de Cristo. Mas não desista! "E não nos cansemos de fazer o bem, pois, se não desistirmos, colheremos no tempo certo" (Gl 6.9). Não apenas teremos uma boa colheita, mas também ajudaremos a influenciar a atitude da igreja em relação à sua própria liderança. E ajudaremos os cristãos a acreditarem que existem líderes que possuem integridade. Isso ajudará a criar as bases para uma nova busca por integridade pessoal na igreja.

Capítulo dezenove

Compromisso gera compromisso

Em nosso ministério na missão Jovens para Cristo, trabalhamos principalmente com voluntários. Ao longo dos anos, descobrimos que mesmo os voluntários mais dedicados não são capazes de manter seu compromisso, se seus líderes não trabalharem duro e pagarem o preço por estarem comprometidos com esse programa. Contudo, quando os voluntários observam líderes apaixonadamente comprometidos com o programa e sua gente passarem por dificuldades por causa desse compromisso, eles próprios são estimulados a pagarem esse preço. Dessa forma, vimos que o compromisso dos líderes gera o compromisso entre os membros.

No entanto, há uma crise de compromisso na igreja de hoje. É muito difícil para a igreja encontrar pessoas que estejam dispostas a dedicar tempo e energia que lhes custaria muito em termos pessoais, para ajudar a igreja. Certas igrejas possuem em seus quadros um grande número de pessoas remuneradas, cujo único objetivo é prestar serviços aos futuros membros. Essa é uma estratégia de marketing que ajuda a promover o crescimento do número de membros. Assim, as pessoas frequentam uma determinada igreja porque esta possui um bom programa para jovens ou para crianças, ou devido à excelente qualidade da música no culto de louvor e adoração. O problema com essa estratégia é que muitas pessoas passarão a frequentar uma determinada igreja apenas como consumidores dos serviços que essa igreja oferece, e não como servos da igreja.

Pelos moldes bíblicos, vemos que o sofrimento dos líderes encorajava o compromisso entre os membros. Paulo conta aos cristãos de Filipos que sua prisão e "as coisas que me aconteceram contribuíram para o avanço do evangelho" (1.12). Paulo explica dizendo: "a tal ponto de ficar claro para toda a guarda pretoriana e para todos os demais que é por Cristo que estou na prisão" (v. 13). Isso teve um efeito positivo na igreja a que ele se referia, que era provavelmente a de Roma: "E, animados pelas minhas prisões, a maior parte dos irmãos no Senhor tem muito mais coragem para falar sem medo a palavra de Deus" (v. 14). A ousadia de Paulo na prisão fez com que outros cristãos também se tornassem ousados.

Paulo igualmente falou à igreja de Éfeso que os sofrimentos que padecia por causa deles eram sua glória: "Portanto, peço-vos que não vos desanimeis por causa das minhas tribulações por vossa causa; elas são a vossa glória" (Ef 3.13). Quando nossos líderes sofrem por nós, isso nos eleva a gloriosas alturas.

Jesus explica a glória que há nesse tipo de sofrimento, fazendo um contraste entre si mesmo, o bom pastor, e o empregado — que não é pastor e a quem as ovelhas não pertencem — o qual foge quando as ovelhas estão em perigo. O bom pastor, por outro lado, dá a vida por suas ovelhas (Jo 10.11-15). Hoje, muitos procuram nossas igrejas, após passarem pela amarga experiência de terem sido abandonados pelas pessoas em que mais confiavam, no momento em que mais precisavam delas. Essas pessoas que os enganaram podem ter sido seus pais, outros membros da família, amigos, professores, colegas ou mesmo líderes de igreja. Por causa das feridas que carregam, pode ser difícil acreditar que alguém, até mesmo Deus, se importaria com eles. Que alívio seria se pudessem encontrar um líder que fosse realmente comprometido com eles, que estivesse disposto a sofrer inconveniências, cansaço e até prejuízos financeiros para ajudá-los.

As pessoas que contam com esse tipo de compromisso por parte de seus líderes, por sua vez se comprometem com os programas que os líderes representam. Uma vez que os líderes estejam dispostos a morrer, de forma literal ou figurativa, por elas, essas pessoas morrerão pela igreja. É muito frequente, nos dias de hoje, ouvirmos os líderes reclamarem da falta de compromisso entre os membros de sua igreja ou organização. Eles tentam organizar vários programas de treinamento para ajudar a aumentar o número e a qualidade dos membros compromissados com os trabalhos da igreja. Programas como esses podem até ter sua utilidade. No entanto, acredito que o verdadeiro segredo encontra-se no amor que os líderes têm por essas pessoas. É o compromisso dos líderes que gerará o compromisso das pessoas.

Certa vez, passei pelo difícil desafio de ter que ganhar a confiança de um colega sob a minha supervisão. Seu supervisor anterior, que fora seu amigo bem íntimo, tinha deixado nossa equipe. Esse fato tinha sido fonte de grande desapontamento para o colega a quem estou me referindo. Eu pude observar que lhe faltava motivação para desempenhar sua função, e realmente estávamos meio perdidos em relação à atitude a ser tomada. Chegamos até pensar em pedir que ele abandonasse sua função. Entretanto, com o passar do tempo, sua atitude se modificou, e hoje, ele é não apenas um colega em que posso confiar e que se sacrifica muito pelo ministério, mas também um de meus melhores amigos, que frequentemente tem ministrado a graça de Deus para mim.

Alguns anos após sua atitude ter se modificado para melhor, ele me contou que o fator-chave para aquele processo foi algo que aconteceu no dia em que seu sogro faleceu. Naquela época, seu relacionamento com a nossa organização não era muito bom. Ele me informou sobre o falecimento e eu, imediatamente, me dirigi para o local.

Eu acreditava que pelo fato de essa pessoa ter falecido em sua própria casa, haveria uma série de complicações no processo para a obtenção do certificado de óbito. Também devido à minha idade e a outros fatores, meus esforços para obtê-lo eram uma vantagem decisiva para a família. Naquele momento, eu tinha muito trabalho por terminar, mas passei toda a manhã indo de um lugar para o outro, juntamente com meu colega, falando com várias pessoas até que conseguimos obter o certificado. Esse colega me contou que o que eu tinha feito naquela manhã fora um fator decisivo no processo para transformar sua atitude em relação a minha pessoa.

Hoje em dia, muitas igrejas estão seguindo um modelo corporativo de funcionamento, com uma forte ênfase nos programas e objetivos da igreja. A descrição das funções dos líderes se tornou mais orientada para tarefas do que para o cuidado dos membros. O título de um livro recente de Glenn Wagner sobre esse problema põe em evidência a crise que temos diante de nós: *Escape from Church, Inc.: The Return of the Pastor-Shepherd*.[1]

A idéia de um líder que cuida, ensina, e nutre uma única pessoa ou um pequeno grupo de pessoas parece estar completamente fora de moda. Parece ser uma tarefa demasiadamente pesada nesta era tão especializada. Os pregadores não querem mais passar pela frustração de gastar longas horas com visitas e ter que se envolver com os problemas daqueles que estão sob

---

[1] E. Glenn Wagner, *Escape From Church, Inc.: The Return of the Pastor-Shepherd* (Grand Rapids, MI: Zondervan, 1999). Publicado em português sob o título *Igreja S/A: dando adeus à igreja-empresa, recuperando o sentido da igreja-rebanho* pela Editora Vida.

seus cuidados. Há toda sorte de especialistas para fazer esse tipo de coisa. Afinal de contas, temos conselheiros profissionais e outros especialistas para ajudar as pessoas com seus problemas e necessidades. Cada pastor com sua especialidade. Os pastores contratados para visitação são os responsáveis pelas visitas pastorais. Os pregadores são responsáveis apenas pela pregação. E assim por diante.

No entanto, esse modelo pouca coisa faz para gerar compromisso verdadeiro. Como o foco está voltado para os programas e serviços oferecidos ao consumidor, as pessoas vão mudar de igreja de acordo com o que cada igreja tenha a lhes oferecer. Elas congregam em uma determinada igreja porque ela oferece determinado tipo de coisas. Quando sentem que o que precisam em um novo estágio de suas vidas pode ser atendido de melhor maneira por outra igreja, eles passam a congregar nessa igreja.

Na verdade, quando se chega a uma especialização extrema, falta à proclamação da igreja uma influência mais penetrante que possa verdadeiramente causar uma mudança efetiva nas pessoas. Uma boa pregação requer um estudo cuidadoso da Palavra e do mundo. Isso é algo que os pregadores especializados fazem muito bem. Mas a boa pregação também precisa experimentar em primeira mão a frustração e a recompensa, a alegria e a dor de trabalhar com pessoas. Sem isso, as mensagens podem atingir elevados níveis de excelência técnica, mas terão pouca influência. Grandes líderes cristãos como Agostinho, Lutero, Calvino e Wesley, cuja pregação e escritos causaram um enorme impacto na história da igreja, também passaram muito tempo de suas vidas ministrando a um único indivíduo ou a um grupo reduzido de pessoas.

Os líderes bíblicos são pastores que amam suas ovelhas e estão dispostos a morrer por elas. E é o seu compromisso que gerará o compromisso entre as pessoas que lideram.

Capítulo vinte

Evitar compromisso e sofrimento

Nos últimos vinte e cinco anos, o Sri Lanka tem passado por momentos de grande dor. Tivemos uma guerra nas regiões norte e leste do país; uma revolução no sul; um tsunami devastador; várias inundações e epidemias e sofremos com a perseguição dos evangelistas cristãos.

Às vezes, amigos que trabalham em outras partes do mundo me dizem como são afortunados por não terem que conviver com tanta dor. Eles de fato são afortunados, mas sou capaz de lhes dizer que a minha maior dor, ao longo dos últimos vinte e cinco anos, não foi causada por nenhuma dessas tragédias que atingiram o Sri Lanka. É bem verdade que todas elas me causaram medo, frustração, tristeza e ansiedade. Mas a minha maior dor sempre foi e ainda é causada por relacionamentos. Essa é uma dor que nasce do compromisso com as pessoas. É uma dor que os cristãos enfrentarão em qualquer lugar do mundo em que vivam.

Paulo compartilhou longas listas de seus sofrimentos em suas epístolas. No entanto, pelo tom de diversas passagens, fica evidente que sua maior dor era causada pelo pecado, por crenças equivocadas e pela rejeição dos cristãos das igrejas que ele ajudara a fundar. Na verdade, essas listas eram fornecidas, sobretudo, como prova de sua credibilidade, para que seus leitores não rejeitassem a ele nem àquilo que ensinava, levando em conta o quanto ele já havia sofrido pelo evangelho.

Seja qual for nação ou cultura em que vivamos, se tivermos compromisso com as pessoas, teremos que enfrentar muita dor. Quando Paulo enfrentou a rejeição das igrejas e a dor, ele não desistiu, não lhes virou as costas, mas simplesmente foi em frente e continuou a exercer o ministério que Deus lhe tinha concedido. Ele tratava dessas questões através de suas cartas, a maioria delas enviada às igrejas que ele ou seus companheiros de ministério haviam plantado. Como aqueles fiéis eram seus filhos na fé, é compreensível que Paulo não desistisse deles, mesmo quando se opuseram a ele.

Mas a igreja em Jerusalém, que não fora responsável nem mesmo por sua conversão, também lhe causou problemas. Quando alguns de Jerusalém tentaram levar a igreja em Antioquia a insistir sobre a questão da circuncisão, Paulo não ignorou o fato nem seguiu seu caminho com os cristãos em Antioquia, com quem ele e Barnabé possuíam estreitos laços. A dupla imediatamente se dispôs a fazer a longa e enfadonha jornada até Jerusalém, quase 645 quilômetros, para lidar com o problema. O resultado foi um dos mais importantes tratados teológicos da história da igreja, que ajudou a libertar a igreja das amarras do judaísmo étnico, abrindo caminho para transformá-la em uma comunidade mundial (At 15).

Hoje temos uma geração que poderia ser chamada de geração aspirina, pois as pessoas estão acostumadas a se entorpecer para evitar a dor. Essa atitude se infiltrou até mesmo na nossa abordagem ao ministério. Uma forma como ela comumente tem se expressado é no comportamento de alguns cristãos que evitam se comprometer muito com o grupo a que pertencem ou se aproximar muito das pessoas desse grupo. A premissa por trás desse comportamento é uma só: se nos mantivermos a uma distância segura das pessoas, evitaremos muitas mágoas e dissabores.

Na verdade, estamos sendo ensinados a manter nossos relacionamentos a uma distância segura. E há um certo fundo de verdade nisso. Podemos ficar tão envolvidos emocionalmente com a vida de outras pessoas que seus problemas começarão a nos afetar. Entretanto, o verdadeiro compromisso envolve investir nas pessoas de tal modo que nos tornamos vulneráveis, a ponto de podermos ser feridos por elas.

Vivemos em uma cultura que poderíamos chamar de "cultura do descartável". Estamos acostumados a descartar as coisas que não nos servem mais. Consertar coisas quebradas é algo que custa muito, assim, nós simplesmente as descartamos. Certa vez, em uma de minhas viagens ao Ocidente, eu estava preparando uma palestra sobre a inevitabilidade do estresse no ministério. Durante esse período, três pessoas me contaram como elas, ou alguém que conheciam, faziam para se livrar de situações estressantes. Uma delas abandonara uma igreja que passava por uma situação difícil; a outra abandonara uma organização cristã. A terceira pessoa abandonara seu cônjuge, livrando-se de um casamento fracassado. Em todos os casos, eu não pude deixar de me perguntar se não era a vontade de Deus que permanecessem, em vez de terem abandonado sua igreja, organização ou cônjuge.

Devo admitir, porém, que existe um certo estresse desnecessário no serviço cristão e que temos de aprender a disciplina de manter a nossa alegria no Senhor, mesmo quando as coisas parecerem difíceis no ministério. E também que na verdade existem algumas situações em que realmente temos que abandonar aquilo que estamos fazendo, e acreditar que Deus tem planos para nós em outro lugar. Às vezes, admitir tal fato é algo que vem acompanhado de muita dor, especialmente no início. Mesmo Paulo e Barnabé tiveram que se separar, após vários anos de parceria fiel. E, apesar de aparentemente terem mantido um bom relacionamento (1Co 9.6), a separação em si tinha sido uma experiência desagradável (At 15.36-41).

Paulo descreve o estresse do compromisso desta maneira: "Além de outras coisas, ainda pesa diariamente sobre mim a preocupação com todas as igrejas. Quem se enfraquece, que eu também não me enfraqueça? Quem se escandaliza, que eu também não fique indignado?" (2Co 11.28-29). Paulo se aproximava do ministério de coração aberto, o que o deixava bastante vulnerável a ser ferido. Podemos sentir sua dor, quando ele disse aos coríntios: "Ó, coríntios, temos falado abertamente convosco; nosso coração está aberto! Nossa afeição por vós não está restrita, mas tendes restringido vosso afeto para conosco. Em retribuição, falo como a filhos, abri também o vosso coração" (2Co 6.11-13). Também podemos observar essa vulnerabilidade quando Paulo disse aos gálatas: "Meus filhos, por quem sofro de novo dores de parto, até que Cristo seja formado em vós, bem que eu gostaria de agora estar presente convosco e mudar o tom da minha voz. Pois estou perplexo a vosso respeito" (Gl 4.19-20).

Eis aqui algumas maneiras para evitarmos a dor que acompanha o compromisso:

- ◆ Quando algum membro da igreja cometer faltas graves, nós apenas deixamos que ele nos abandone, sem ter que passarmos pelo tedioso e doloroso processo de disciplina, cura e restauração.

- ◆ Quando tivermos problemas com o grupo com que estamos envolvidos, nós saímos e nos juntamos a outro grupo, sem antes enfrentarmos os problemas e perseverarmos até que uma solução seja alcançada.

- ◆ Quando as pessoas questionarem a direção que estamos tomando, podemos incentivá-las a sair e se dirigirem para um lugar onde estejam mais confortáveis, para não ter que passar pelo processo doloroso de discutir e acatar as suas objeções.

- Quando ficarmos machucados ou aborrecidos com alguma coisa que alguém nos fez, deixamos isso passar sem confrontar a pessoa e trabalhar para chegar a uma solução.

- Quando alguém do nosso grupo de estudo tiver um grave problema, diremos que não podemos ajudá-lo por não ter tempo, energia ou recursos para fazê-lo. (Às vezes não devemos mesmo ajudar algumas pessoas, para seu próprio bem. Mas normalmente nós as ajudamos, e essa ajuda pode ter um alto custo, podendo resultar em exaustão ou esgotamento dos nossos recursos pessoais).

- Quando alguém partir, estando aborrecido conosco, deixamos que parta sem lhe conceder uma oportunidade para falar sobre suas aflições. (Eu acredito que uma última conversa é sempre muito importante, quando a pessoa que parte está insatisfeita. Se essa pessoa for capaz de expressar sua ira, há uma grande chance de que ela deixe para trás sua dor e recomece a vida em outro lugar. Se isso não for feito, ela carregará por um bom tempo uma carga desnecessária, o que pode impedir seu crescimento saudável, após essa experiência dolorosa. É difícil para os líderes ouvirem as mágoas de alguém que está indo embora. Mas essa pessoa é a que se encontra mais vulnerável, pois é ele ou ela que vive a triste situação de ter que procurar por outro lugar. Ouvir suas mágoas é o mínimo que podemos fazer para ajudá-la a reconstruir sua vida, após essa dolorosa separação).

♦ Nosso chamado no ministério "Jovens para Cristo" no Sri Lanka está voltado para alcançar jovens que se encontram fora da igreja. Mas a situação atual e a legislação anticonversão tornaram nosso ministério bastante difícil, uma vez que a evangelização de jovens é considerada uma prática não ética, pois os jovens possuem uma mente vulnerável. Seria fácil, para nós, alterar o foco do ministério para o treinamento de jovens cristãos para o evangelismo. Além de ser uma maneira mais segura de desenvolver nosso ministério, isso nos tornaria mais visíveis para os cristãos, o que redundaria em maiores doações para o nosso trabalho. No entanto, temos que nos manter fiéis ao nosso compromisso com os jovens não alcançados.

Quando muitos cristãos pensam na cruz que devem carregar, eles falam apenas em coisas como a perseguição, a impopularidade e a discriminação que enfrentam por causa de seus princípios. Não se lembram de incluir as coisas que surgem do compromisso com as pessoas, tais como a mais completa exaustão ao tentar ajudá-las, quando estamos sobrecarregados ou a dor de continuar a amá-las, mesmo quando elas nos machucam.

Esse compromisso com as pessoas trará muita dor aos cristãos de todas as nações e culturas. Evidentemente, esta meditação estaria incompleta se eu não dissesse que a alegria do Senhor, que é muito maior do que qualquer dor, é o que nos dá forças para suportar a dor. Na nossa próxima meditação veremos que o compromisso produz não somente a dor, mas também muita alegria.

Capítulo vinte e um

O compromisso e uma vida feliz

Tenho trabalhado em tempo integral para o ministério "Jovens para Cristo" há trinta e um anos e, antes disso, fiz parte dessa família como voluntário por outros dez anos. Posso dizer que as maiores dores que já sofri na vida vieram do meu trabalho nesse ministério. Mas posso dizer também que desse trabalho vieram algumas das grandes alegrias da minha vida. As maiores alegrias, é claro, vieram do meu relacionamento com Deus e depois, do relacionamento com minha esposa e filhos. Mas não posso deixar de dizer que o ministério "Jovens para Cristo" sempre foi uma enorme fonte de alegria para mim!

Já compartilhei com vocês sobre a experiência de falar em uma conferência onde minha primeira palestra foi um verdadeiro fracasso. Como eu iria falar novamente na manhã seguinte, fui para meu quarto muito preocupado. Telefonei para minha esposa e pedi a ela que entrasse em contato com meus amigos, para que fizessem uma corrente de orações enquanto eu "brigava" com Deus durante a noite. Naquela noite, recebi uma estranha mensagem de texto pelo meu celular, de um de nossos jovens que trabalhava na missão Jovens para Cristo, a quem me cabia dispensar cuidados pastorais. A mensagem falava sobre oração. Quando fui para casa, após a palestra, esse rapaz me contou que tinha acordado durante aquela noite com uma imensa vontade de orar por mim. Ele sentiu que eu estava com problemas — pensou que eu estivesse enfrentando uma séria tentação sexual — e, assim, orou fervorosamente por mim.

Correu tudo bem em minha palestra da manhã seguinte. Mas o fato de esse querido colega ter se levantado à noite para orar por mim me trouxe uma grande alegria. E esse tipo de alegria é uma das coisas que mais compensa a dor do compromisso. Às vezes as situações de dor prolongam-se por um certo tempo. Mas o compromisso que assumimos é o que faz com que perseveremos sem desistir. Por várias vezes já escrevi e pensei em meu pedido de demissão. Mas nunca fui capaz de concretizá-lo, pois nunca pude esquecer do fato de que fora Deus quem tinha me chamado para trabalhar com esse grupo e, por isso, eu deveria permanecer com eles, até ter a plena certeza de que era a vontade de Deus que eu os deixasse.

Por coincidência, ao longo deste ano, um dos aspectos mais difíceis que tenho enfrentado no trabalho do ministério "Jovens para Cristo" é que os desafios tem sido tão grandes, que não tenho tido o tempo de que preciso para o estudo, como professor de estudos bíblicos. O tempo de estudo que encontrei foi feito sob grande exaustão. Mas eu sei que a melhor forma de se preparar para o ensino bíblico é a oração. E essa história, que acabei de relatar, mostra que o ministério "Jovens para Cristo" me deu a grande dádiva de aprender a orar por mim mesmo, ainda que eu continue tendo que lutar para encontrar tempo para o outro aspecto da preparação para o ensino bíblico, que é o estudo.

Para mim, a declaração mais entusiástica sobre a glória do ministério cristão encontra-se em 2Coríntios. Mas o contexto em que Paulo expressa a alegria do ministério é de profunda dor. Paulo se encontrava profundamente machucado pela rejeição que enfrentara em Corinto. Sua ansiedade em saber como o povo reagira à carta que tinha enviado fica clara

O compromisso e uma vida feliz 147

por sua impaciência em se encontrar com Tito, que servira como portador da carta aos coríntios. Assim ele descreve:

> Quando cheguei a Trôade para pregar o evangelho de Cristo, ainda que uma porta me tivesse sido aberta pelo Senhor, não tive descanso no meu espírito, pois não encontrei ali meu irmão Tito. Assim, despedindo-me deles, parti para a Macedônia (2Co 2.12-13).

Sim, Tito de fato trouxera boas notícias, mas Paulo não menciona o fato aqui, pois ele apenas faz uma reflexão sobre a glória do ministério. Assim ele começa:

> Cristo sempre nos conduz em triunfo e por meio de nós manifesta em todo lugar o aroma do seu conhecimento; porque para Deus somos o bom aroma de Cristo, tanto entre os que estão sendo salvos como entre os que estão perecendo (2Co 2.14-15).

Essa reflexão se estende de 2Coríntios 2.14 até 7.1. Em 2Co 7.2-5 ele menciona seu amor pelos coríntios e a alegria que isso lhe trouxe, juntamente com a dor:

> Abram espaço para nós em vosso coração; não lesamos a ninguém, a ninguém arruinamos, de ninguém nos aproveitamos. Não digo isso para vos condenar, pois já afirmei que estais em nosso coração para juntos morrermos ou vivermos. A minha confiança em vós é grande, e orgulho-me muito de vós. Estou cheio de ânimo, transbordo de alegria em todas as nossas tribulações. Porque nem quando chegamos à Macedônia tivemos descanso; pelo contrário, em tudo fomos atribulados; externamente, lutas; internamente, temores.

Apenas depois de tudo isso é que encontramos a resposta que Paulo esperava, ou seja, qual era a notícia que Tito trouxera quanto à reação dos coríntios à sua carta: "Mas Deus, que dá ânimo aos abatidos, nos trouxe ânimo com a chegada de Tito. Ele nos trouxe ânimo não somente com a chegada de Tito, mas também com o ânimo que Tito recebeu de vós. Ele nos relatou da vossa saudade, das vossas lágrimas, da vossa preocupação por mim, de modo que me alegrei ainda mais" (v. 6-7).

Segunda Coríntios é um bom exemplo da profunda alegria que sentimos quando nos comprometemos seriamente com as pessoas. Sim, é verdade que às vezes também somos acometidos por um sentimento de profunda dor. Mas a alegria compensa a dor. E aqueles que não experimentam a alegria desse compromisso estão perdendo algo muito importante, uma vez que deixam de experimentar também um dos maiores prazeres da vida.

É como a alegria do casamento, ou seja, aquela certeza de que amamos nossos cônjuges a despeito de tudo sobre eles que nos aborrece. Há nisso uma segurança, uma sensação de que somos amados, a liberdade de nos entregarmos plenamente, numa entrega física, emocional e sexual a esta pessoa com quem estamos comprometidos por toda a nossa vida. É por esse motivo que um compromisso por toda a vida é o segredo para uma vida sexual verdadeiramente feliz.

H. Norman Wright, em seu livro *Premarital Counseling*, conta sobre um casal que, certo dia, o procurou para um aconselhamento pré-nupcial. A jovem noiva estava muito feliz. Ele perguntou a ela o motivo de tanta felicidade. Ela respondeu que, aproximadamente três dias antes, seu noivo tinha se comportado de modo lastimável. Ele fora teimoso, obstinado, chegando a ser até desagradável. No entanto, ela disse que, a despeito de tudo isso, tinha a firme convicção de que realmente o amava. Ela disse: "Foi muito reconfortante perceber que, mesmo quando ele fosse extremamente desagradável, mesmo naqueles momentos em que nem sempre eu gostaria do modo como ele se comportasse, eu ainda tinha essa convicção de que o amava."[1] Isso lhe trouxe grande alegria.

Recentemente recebi um e-mail que falava sobre um homem que diariamente tomava o café da manhã com a esposa, em uma clínica para portadores de Alzheimer. Certo dia, ele tinha uma consulta médica no período da manhã. O médico sentiu que ele estava um pouco ansioso e lhe perguntou o motivo. Quando o homem respondeu que temia se atrasar para o café da manhã com a esposa, o doutor disse que eles poderiam se apressar e terminar a consulta. O homem respondeu que não tinha problema se ele se atrasasse um pouco, uma vez que a esposa não o reconhecia há mais de cinco anos. O médico então lhe perguntou: "Você ainda toma café da manhã com sua esposa todos os dias, mesmo sabendo que ela não o reconhece mais?". O velho homem sorriu e lhe disse: "Ela pode não me reconhecer, mas eu ainda sem quem ela é!".

Há algo de belo em um compromisso como esse: em meio à tristeza por uma esposa que não mais o reconhece, ele sente a alegria de poder amá-la até o fim.

Os relacionamentos descartáveis, tão característicos da sociedade de hoje, fizeram com que as pessoas se tornassem inseguras. Elas temem se entregar totalmente a um relacionamento, pois temem que esse relacionamento não dure muito tempo e terminá-lo seria algo insuportavelmente doloroso. Ainda que nós,

---

[1] H. Norman Wright, *Premarital Counseling* (Chicago: Moody Press, 1981), p. 99. Publicado em português sob o título *Guia de aconselhamento pré-nupcial*, pela CPAD (Casa Publicadora das Assembléias de Deus).

cristãos, também possamos ter esses mesmos receios, eles não nos paralisam, pois sabemos que o relacionamento mais importante de nossa vida é com o Bom Pastor, com aquele que nos amou o suficiente para morrer por nós. Sim, nós também temos que enfrentar a dor de pessoas que fogem quando mais precisamos delas, mas podemos sempre contar com o amor e o cuidado do Bom Pastor de nossas almas.

Com essa segurança, podemos correr o risco de nos comprometermos com pessoas e instituições. Isso é como uma rajada de ar fresco nesse mundo opressivo de relacionamentos descartáveis! Isso nos ajudará a restaurar a alegria e a segurança do compromisso nos dias de hoje. Também é o segredo para a cura dessa epidemia de divórcios que assola nossa sociedade. À medida que mostrarmos às pessoas a glória desse compromisso verdadeiro e o aplicarmos à nossa vocação, à vida da igreja e às nossas amizades, nós poderemos ajudar a trazer de volta uma cultura de compromisso entre os cristãos. Uma vez que retomarmos isso, as pessoas aprenderão a aplicá-la também ao casamento.

Servos da igreja

...da qual me tornei ministro segundo o chamado de Deus, que me foi concedido para convosco, a fim de tornar plenamente conhecida a palavra de Deus, o mistério que esteve oculto durante séculos e gerações, mas que agora foi manifesto aos seus santos, a quem Deus, entre os gentios, quis dar a conhecer as riquezas da glória deste mistério, a saber, Cristo em vós, a esperança da glória. A ele anunciamos, aconselhando e ensinando todo homem com toda a sabedoria, para que apresentemos todo homem perfeito em Cristo. Para isso eu trabalho, lutando de acordo com a sua eficácia, que atua poderosamente em mim.
Colossenses 1.25-29

. . . .

Parte 4

Capítulo vinte e dois

Ministros e servos

Estou escrevendo este capítulo cinco dias depois de ter retornado do grande Urbana Students Mission Convention [Congresso de Missão Estudantil Urbana], nos Estados Unidos, onde apresentei quatro estudos bíblicos. A transição da posição de orador para a de líder é bastante difícil. No papel de orador eu pareço uma celebridade exercendo meu dom de ensino e fazendo aquilo que mais gosto de fazer. Já no papel de líder eu sou servo tanto do ministério Jovens para Cristo, para quem trabalho, como de minha família. E como servo devo me dedicar a servi-los da melhor maneira que puder, sempre levando em conta que suas necessidades não surgem de acordo com a minha conveniência. Por isso tenho que me esforçar para encontrar tempo para estudar e escrever. Na verdade, este parágrafo foi escrito às 22h45min, depois de uma terrível luta contra a preguiça de começar a escrevê-lo antes de dormir, embora eu já estivesse com quase dois dias de atraso da data em que planejara escrevê-lo.

Como já mencionei, essa troca de papéis de orador para líder foi particularmente difícil hoje. Eu me sentia bastante desencorajado por minha inabilidade de encontrar tempo para estudar e escrever. Decidi, então, mudar o modelo de estudo para minhas devocionais diárias, e comecei a ler o livro *Full Service: Moving from Self-Serve Christianity to Total Servanthood*, do psicólogo e pastor Siang-Yang Tan.[1] E Deus falou comigo de forma impressionante por meio deste livro. O Dr. Tan descreve o quanto a igreja tem sido influenciada pelos modelos seculares de administração e liderança, muito dos quais nos são de grande ajuda. Mas também aponta uma área onde existe uma diferença acentuada entre a visão desses modelos seculares e a visão da igreja: a maneira como entendemos a grandeza. Na Bíblia, ser grande significa servir. Ser grande significa servir a Deus e a seu povo. Além disso, a minha teologia, explicada na primeira parte deste livro, também me mostra que o que vejo agora como tribulação mais tarde resultará em algo de bom. Dessa forma, não tenho motivos para me sentir desencorajado.

Na passagem de Colossenses que anteriormente citamos, após dizer o quanto havia sofrido pela igreja, Paulo descreve seu relacionamento com a igreja com essas palavras: "...da qual me tornei ministro segundo o chamado de Deus, que me foi concedido para convosco, a fim de tornar plenamente conhecida a palavra de Deus" (Cl 1.25). A palavra grega traduzida como "ministro" é *diakonos*, da qual também deriva a palavra diácono. A New Internacional Version a traduz como "servo", tradução que me parece mais adequada. Essa palavra "geralmente [significa] alguém que faz algo em proveito de outrem".[2] Com o tempo passou a ter o sentido de "servo, auxiliador,

---

[1] Siang-Yang Tan, *Full Service: Moving from Self-Service Christianity to Total Servant-hood* (Grand Rapids, MI: Baker, 2006).

[2] F. W. Danker, editor, *A Greek-English Lexicon of the New Testament and Other Early Christian Literature*, 3ª. edição baseada no léxico alemão escrito por Walter Bauer e em edições prévias de W. F. Arndt, F. W. Gingrich e F. W. Danker (Chicago: University of Chicago Press, 2000), p. 230.

ministro, diácono".[3] Normalmente era utilizada para designar um serviçal que servia à mesa. Paulo a emprega essencialmente para dizer que ele se dedicava em proveito da igreja, ou seja, para o bem da igreja.

Em outras passagens Paulo utiliza uma palavra ainda mais forte — *doulos* — com o sentido de "escravo", para descrever sua total devoção à igreja. Ele diz: "Pois não pregamos a nós mesmos, mas a Jesus Cristo, o Senhor, e a nós mesmos como vossos servos [*doulos*], por causa de Jesus" (2Co 4.5). E também afirma: "Pois, sendo livre de todos, tornei-me escravo [*edoulosa*, "Sou escravizado"] de todos, para ganhar o maior número possível" (1Co 9.19).

Depois de descrever a si mesmo como "ministro" da igreja, Paulo diz que seu ministério é desenvolvido "de acordo com a dispensação da parte de Deus, que me foi confiada a vosso favor (Cl 1.25, ARA). A palavra traduzida como "dispensação" "indicava a responsabilidade, autoridade e obrigação que eram dadas ao escravo de uma casa".[4] Esse termo não apenas nos relembra nossa condição de servos, mas também apresenta esse serviço "como um alto privilégio e uma sagrada confiança".[5]

Nós temos provas suficientes na Bíblia para acreditar que todos os cristãos têm um chamado especial para servir, que lhes é confiado por Deus. O trabalho pode ser difícil, mas fomos

---

[3] Barclay Newman, *NT Greek-English Dictionary* (United Bible Societies, versão eletrônica da WORDsearch 7).

[4] Cleon L. Rogers Jr e Cleon L. Rogers III, *New Linguistic & Exegetical Key to the Greek New Testament* (Grand Rapids, MI: Zondervan, 2003, versão eletrônica Pradis, produzida pela Zondervan Interactive, 2004).

[5] Curtis Vaughn, "Colossians", *Expositor's Bible Commentary*, Frank E. Gaebelein, editor geral (Grand Rapids, MI: Zondervan, versão eletrônica Pradis, produzida pela Zondervan Interactive, 2004).

especialmente comissionados como mensageiros do Rei dos reis ou, como Paulo diz, como embaixadores de Cristo (2Co 5.20). Certa vez, quando tive de escrever uma carta ao embaixador da Inglaterra a respeito de um problema com as datas de um visto de permanência no Reino Unido, essa verdade me atingiu em cheio. Eu me dirigi a ele como "Vossa Excelência". Naquela época, eu estava preparando uma mensagem sobre a passagem onde Paulo chama a si mesmo de embaixador de Cristo. Então pensei: *"Aqui estou eu, chamando o embaixador da rainha da Inglaterra de "Vossa Excelência". E eu sou embaixador do rei da rainha da Inglaterra"*! Um pensamento incrível, não é mesmo?

A tarefa especial atribuída a Paulo é "tornar plenamente conhecida a palavra de Deus" (Cl 1.25). Esse é um grande desafio nesta era pós-moderna, onde as pessoas não se sentem muito entusiasmadas em relação à verdade objetiva. Nós não vamos nos aprofundar no assunto, pois ele está fora do escopo deste livro. Mas permita-me simplesmente apresentar nove aspectos da tarefa com que somos confrontados. Essa é uma tarefa a ser enfrentada por todos aqueles que são responsáveis por cuidar e nutrir outros cristãos, sejam eles pais, líderes de pequenos grupos, pastores ou professores de escola dominical. Devemos nos assegurar de que estamos comunicando a Palavra de Deus de uma maneira que seja:

1. Precisa
2. Persuasiva
3. Inteligível
4. Relevante
5. Atrativa
6. Memorável
7. Prática

8. Abrangente

9. Sob a unção do Espírito Santo

Portanto, como ministros, escravos e despenseiros, nosso privilégio e ambição é servir o povo a quem Deus nos chamou. Mas nós fazemos isso crendo que o melhor de Deus para esse povo se encaixa perfeitamente com o que é melhor para nós. A bem da verdade nem sempre concordamos que aquilo é o melhor para nós. Eu descobri que muitas vezes tenho que mudar meus planos particulares e desistir de minhas preferências pessoais em favor das necessidades do povo a quem sirvo. E, no entanto, anos mais tarde, a despeito de aquilo me parecer um grande sacrifício, sempre percebo que também era o melhor para mim.

Em meu livro *Jesus Driven Ministry*, expliquei o que esse papel de servo significa para um marido, utilizando Efésios 5.25 ("Maridos, cada um de vós ame a sua mulher, assim como Cristo amou a igreja e a si mesmo se entregou por ela"). Eu escrevi o seguinte:

> Muitas esposas diriam: "Eu na verdade não quero que meu marido morra por mim. Apenas peço que ele converse comigo! Ele volta do trabalho tão cansado e de mau humor que nem abre a boca. E ainda fica aborrecido se tento conversar com ele". Esse marido está física e emocionalmente esgotado após um duro dia de trabalho, e a última coisa que ele gostaria de fazer é conversar. Mas porque ama a esposa, ele morre para sua vontade de permanecer em silêncio e conversa com ela. Para ele, naquele momento, conversar é um tipo de morte![6]

---

[6] Ajith Fernando, *Jesus Driven Ministry* (Wheaton, IL: Crossway Books, 2002), p.185.

Infelizmente, nosso ensino pouco equilibrado sobre os dons tem resultado num excesso de especialização, sobretudo no Ocidente. Como dissemos anteriormente, muitas pessoas passam a maior parte de seu tempo exercendo seu dom principal. Assim, um excelente pregador não pode passar muito tempo visitando os membros ou preparando os líderes de sua igreja. O resultado de tal especialização é um alto nível de qualidade das informações geradas por essa pessoa. Mas o impacto dessa pessoa pode ser bem menor do que ela esperava. Para impactar pessoas, precisamos de muito mais do que excelência técnica. Precisamos passar por frustrações capazes de trazer profundidade, frustrações essas que são decorrentes de um estilo de vida encarnacional, vivido entre as pessoas a quem servimos. A utilização dos nossos dons deveria brotar desse estilo de vida de cuidado para com as pessoas. Deveríamos nos envolver um pouco mais com uma porção de coisas e também arranjar tempo para trabalhar nossos principais dons.

Isso também acontece em outras profissões. Hoje, nos serviços de inteligência, grande parte da coleta de informações é feita através de pesquisa e vigilância eletrônica. Mas muitas vezes as conclusões a que se chega não vêm acompanhadas da vantagem de um contato mais estreito com as pessoas. O resultado poderia ser um grande erro estratégico, pois as decisões tomadas não levam em conta os diversos fatores culturais que afetam o comportamento das pessoas. Mas só há um modo de evitar que isso aconteça: é preciso se aproximar das pessoas.

Todos os líderes que tiveram um impacto marcante na história da igreja foram pessoas que escreveram a partir de um ativo envolvimento em seu próprio ministério. Agostinho começou a pastorear contra sua vontade, pois isso acabou com seu sonho de uma vida tranqüila dedicada à oração, ao ensino, ao estudo e à escrita. Martinho Lutero, Calvino, Jonathan Edwards e John Wesley, assim como Paulo, foram líderes ativamente envolvidos em seus ministérios.

Eu sempre soube que Calvino foi um brilhante acadêmico, mas fiquei surpreso quando li sobre ele essas coisas relatadas a seguir:

Ele quase não dormia. Sua casa estava sempre aberta para qualquer um que precisasse de conselho. Ele estava constantemente em contato com questões da Igreja e do Estado. Visitava os doentes e desanimados, e conhecia quase todos os cidadãos.[7]

Certa vez, Calvino escreveu: "Desde minha chegada aqui, só consigo me lembrar de umas poucas horas em que ninguém veio me procurar.[8]

Temos notado que muitas pessoas que retornam ao Sri Lanka, depois de terem se especializado no exterior, não estão preparadas para a frustração de serem servos de pessoas necessitadas. Eles voltam em busca do melhor pacote de benefícios. Não estão dispostos a morrer; não estão preparados para a frustração que certamente irão encontrar pela frente. Eles cultivam um conceito secular de realização pessoal, pois encaram isso em termos de como podem aproveitar melhor suas habilidades e talentos, em vez de como poderiam melhor servir a Deus e ao povo.

Alguns abandonam o país pouco tempo depois de terem voltado. Outros se tornam consultores que compartilham sua especialidade com o povo sem, no entanto, aplicá-la através do

---

[7] J. van Zyl, "John Calvin the Pastor", em *The Way Ahead*, citado em Derek J. Tidball, *Skillful Shepherds: An Introduction to Pastoral Theology* (Grand Rapids, MI: Zondervan, 1986), p. 190.

[8] Ibid., p. 73.

envolvimento encarnacional com um grupo determinado de pessoas. Outros dão início a uma organização própria, onde possam ajustar sua descrição de funções de acordo com aquilo que lhes for mais conveniente. No entanto, todos eles perdem a oportunidade de causar um profundo impacto sobre o povo.

Não há escapatória: jamais conseguiremos ser eficazes no serviço a não ser que estejamos dispostos a servir.

Capítulo vinte e três

O serviço nasce da graça

Enquanto muitas pessoas reconhecem o valor do serviço, também sabemos que muitos dos que são apontados como exemplos vivos de serviço não se sentem muito satisfeitos com seu papel. São pessoas que trabalham duro, mas por dentro estão iradas. Parecem ser humildes, mas algumas vezes seus verdadeiros sentimentos vem à tona e são expressos como uma explosão de ira. Eu acredito que a principal razão para isso seja que sua dedicação para o serviço não nasce da graça. Permita-me descrever três formas de serviço que não nascem da graça e explicar como a graça pode nos ajudar a evitar tais atitudes.

RESSENTIMENTO

Muitos daqueles que estão ativamente envolvidos no ministério de servir a outros lutam com o ressentimento de se sentirem explorados. Eles trabalham duro, mas não são reconhecidos. Todos parecem achar que eles não fazem mais do que sua obrigação. As pessoas importantes vão em frente com suas vidas agitadas, utilizando esses trabalhadores fiéis sem reconhecer sua grande contribuição, embora eles sirvam ativamente nos bastidores. Algumas vezes essas pessoas os repreendem de modo severo, se qualquer obstáculo aparecer em seu caminho importante. Esses servos fiéis, então, sentem-se explorados e profundamente desvalorizados.

A primeira coisa que temos a dizer é que esse serviço fiel de bastidores é muito importante e muito valorizado por Deus, e se as pessoas proeminentes agem como se não reconhecessem isso, elas estão erradas. O trabalho que não ganha destaque é difícil de fazer, especialmente nessa nossa sociedade tão voltada para o marketing e os meios de comunicação, onde a aparência é de fundamental importância. Aqueles que não aparecem aos olhos do público podem sentir que não são importantes, mas cabe aos líderes fazer tudo para assegurar que eles sejam devidamente reconhecidos.

Entretanto, biblicamente falando, tudo o que fazemos para Deus nos é dado para fazer devido à sua misericórdia (2Co 4.1). Nós não merecemos a grande honra de sermos servos na obra do grande Deus dos céus. Somos de tal forma que estamos irremediavelmente desqualificados para qualquer responsabilidade que nos seja dada. Portanto, tudo que nos é confiado é um bônus. E quando percebemos isso, ficamos gratos por Deus ter escolhido nos utilizar, o que reduz a nossa decepção por não sermos reconhecidos. Por sermos humanos, essa decepção é natural. Mas quando encaramos esse desapontamento com a consciência de que tudo aquilo que fizermos é um bônus, é uma dádiva concedida, percebemos que não temos uma razão legítima para ficar desapontados.

Falando sobre seu ministério como pregador, Paulo disse: "Então, qual é a minha recompensa? É que, pregando o evangelho, eu o faça gratuitamente, e assim não me sirva de meu direito ao evangelho" (1Co 9.18). A recompensa é o privilégio de ser capaz de pregar sem obter qualquer outra recompensa deste mundo. A obra de Deus é tão grande que apenas estar envolvido nela, mesmo sem receber qualquer tipo de salário (que é o que Paulo está dizendo aqui), é uma grande honra que, na verdade, não merecemos. Robert Murray M'Cheyne cita alguém que ele chama de Henry (Matthew Henry talvez?) dizendo: "Eu imploraria por seis dias inteiros apenas para ser autorizado a pregar no sétimo".[1]

Todo o nosso servir é fruto de uma graça superabundante. O mais importante não é o que fazemos para Deus, mas o que Deus tem feito por nós. Esse é o segredo para uma vida de alegria. Faremos bem em constantemente celebrar a graça sem querer saber se nosso serviço tem sido reconhecido.

O irmão mais velho do filho pródigo não sabia disso. Ele ficou irado com a graça demonstrada a seu irmão que retornava. Então, reclamou a seu pai: "Há tantos anos te sirvo, e nunca desobedeci a uma ordem tua; mesmo assim nunca me deste um cabrito para eu me alegrar com meus amigos" (Lc 15.29). "Há tantos anos te sirvo [*douleuō*]" literalmente significa "há tantos anos tenho sido escravo". Utilizando as palavras de Paulo, vemos que irmão mais velho do filho pródigo tinha "um espírito de escravidão" e não "o Espírito de adoção, pelo qual clamamos: Aba, Pai!" (Rm 8.15).

Levaremos a vida inteira para compreender a glória do que significa sermos adotados como filhos e filhas de Deus. Mas, à medida que vamos mais e mais percebendo isso, nossa alegria vai aumentando cada vez mais. Então perceberemos que Deus tem sido tão bom para conosco que, em vez de levar em conta quanto nos custa servir, nosso foco estará em exultar as maravilhas de sua graça.

---

[1] Robert Murray M'Cheyne, *A Basket of Fragments* (Inverness, Scotland: Christian Focus Publications, 1979), p. 8.

MÁGOAS

A próxima grande razão para a infelicidade de muitos servos é a falta de sensibilidade, a truculência das pessoas. Sempre que estivermos envolvidos em qualquer tipo de trabalho, com certeza seremos magoados. Se o trabalho envolver pressão e as pessoas estiverem tensas, elas serão ríspidas conosco. Ou ainda pior, os outros nos usarão para atingir seus próprios objetivos e, em seguida, nos descartarão. Alguns nos magoarão por ciúme ou inveja. Portanto, se nos concentrarmos nas ofensas que recebemos após ter trabalhado duro, uma vez mais nos tornaremos pessoas amargas e infelizes.

A Bíblia é muito clara quando diz que "onde o pecado se ressaltou, a graça ficou ainda mais evidente" (Rm 5.20). As pessoas podem ser más, mas o amor de Deus por nós é muito maior do que a maldade humana. Paulo diz: "o amor de Deus foi derramado em nosso coração pelo Espírito Santo que nos foi dado" (Rm 5.5). A palavra traduzida como "derramado" pode transmitir a idéia de algo que transborda do amor de Deus, como um rio numa enchente. O tesouro mais precioso de nossas vidas é esse amor divino, e ele é muito maior do que toda a maldade que há no mundo. Portanto, não devemos dar às pessoas más o privilégio de roubar a nossa alegria. Esta é uma honra que elas não merecem.

Aqueles que já provaram a alegria de Deus, essa alegria que nasce do amor derramado em nosso coração, lutarão por ela quando feridos. Como já vimos anteriormente, a nossa luta com Deus pode envolver gemidos e lamento. Mas o amor brilha no final, à medida que Deus nos conforta e vamos permitindo que seu amor tenha mais influência sobre nossas atitudes do que a maldade das pessoas.

Por isso é tão importante permitir que a graça cure os sentimentos que foram feridos por coisas que outras pessoas nos fizeram. Pode ser que precisemos de ajuda para enfrentar essa dolorosa realidade. Mas devemos perseverar até que possamos dizer que o amor de Deus está nos curando, está transformando todo esse mal em algo de bom.

FADIGA

Uma das coisas mais comuns que afetam as pessoas que possuem esse espírito de servir é a fadiga. Como vamos ver no capítulo 28, a fadiga em si mesma não é algo necessariamente errado. Várias vezes vemos na Bíblia o próprio Jesus se sentindo exaurido. No entanto, se chegarmos ao ponto em que nossa energia é drenada de tal forma que não temos mais forças para servir aos outros, a situação é séria e precisa ser remediada. O segredo está em trabalhar na dependência do amor de Deus, e não com base em nossas próprias forças. "Nós amamos porque ele nos amou primeiro" (1Jo 4.19). Comentando sobre seu ministério, Paulo diz: "... o amor de Cristo nos constrange" (2Co 5.14, ARA). Esse "verbo implica numa pressão que nos confina, restringe e controla".[2] O amor de Cristo, isto é, sua graça em nós, é o que nos impulsiona para o serviço.

Tempos atrás li algo que foi dito por um famoso pregador batista inglês, Francis W. Dixon, e que eu nunca esqueci: "Não há nada mais difícil do que levar adiante a obra de Deus dependendo de nossas próprias forças". Quem é inseguro nunca se realizará com seu trabalho. Trabalhará e trabalhará, mas nunca se sentirá realmente feliz, pois o trabalho neste mundo caído jamais poderá ser uma fonte de realização. Pessoas assim são

---

[2] Cleon L. Rogers Jr e Cleon L. Rogers III, *New Linguistic & Exegetical Key to the Greek New Testament* (Grand Rapids, MI: Zondervan, 2003; versão eletrônica Pradis, produzida pela Zondervan Interactive, 2004).

sérias candidatas ao estresse. Eu acredito que a principal fonte de estresse seja a insegurança que está por trás do trabalho duro, e não o trabalho duro por si só. Minha amiga Susan Pearlman, do ministério Jews for Jesus [Judeus para Jesus], certa vez disse a um de nossos grupos: "O estresse acontece quando o pavio e, não o óleo, está queimando".

Outra triste conseqüência de pessoas inseguras que mergulham de cabeça no trabalho é o fenômeno de buscar realização num relacionamento com alguém do sexo oposto, que não seja seu cônjuge. Por causa de toda essa dedicação excessiva ao trabalho, a família é negligenciada, o que leva a pessoa a ter problemas em casa com infelicidade e rejeição. Para pessoas inseguras, a rejeição é algo difícil de suportar. Porém, no trabalho há essa outra pessoa que é tão calorosa e receptiva, simplesmente o oposto do cônjuge. A pessoa, então, passa a se realizar por meio desse relacionamento, e o resultado é um romance ou um apego emocional doentio.

Portanto, temos sempre que nos assegurar de que haja um fluxo constante de graça em nossa vida. E nada pode nos ajudar mais nesse sentido do que dedicar tempo a Deus. Quando lemos sua Palavra e oramos, temos a maravilhosa sensação de estarmos protegidos por Deus. Percebemos que o Deus eterno é a nossa habitação, e que seus braços eternos nos sustentam (Dt 33.27). Tendo experimentado tal segurança, começamos a ficar sedentos por ela. E quando sacrificamos nosso tempo de comunhão com Deus, isso nos incomoda tanto que ansiamos por esse tempo novamente, e não ficaremos satisfeitos até que essa sede seja saciada. Os salmos descrevem essa sede de Deus que os justos sentem (veja, por exemplo, Sl 42.1; 63.1).

Ontem à noite eu cometi um erro ao acertar meu despertador e em vez de colocá-lo para despertar no período da manhã, eu o acertei para despertar à noite. Perdi a hora e me apressei para uma reunião, sem ter tempo de fazer minhas orações. Somente à noite fui capaz de ter um tempo com Deus, sem pressa. Minha esposa geralmente ora nesse período. Ela também havia tido um dia muito agitado. Nós dois concordamos que é muito revigorante estar na presença de Deus, longe de qualquer distração de nossas vidas tão atribuladas. Mas devo confessar que eu estava tentado a me distrair e tive que desligar meu telefone celular para acabar com a distração! Ainda é verdade que "os que esperam no SENHOR renovarão suas forças; subirão com asas como águias; correrão e não se cansarão; andarão e não se fatigarão" (Is 40.31).

Uma das situações mais perigosas que um cristão pode ter que enfrentar é chegar ao ponto de perder essa sede de Deus. Eu já vi isso acontecendo com alguns líderes cristãos que vivem ocupados. Mesmo quando têm tempo, não mais o passam na companhia de Deus, pois perderam o gosto de estar com o Senhor. Vivem tão apressados que não podem parar e nem ficar sozinhos. Preferem passar seu tempo livre assistindo à televisão ou fazendo algum trabalho. Qualquer um de nós consegue sair dessa triste condição através do arrependimento e de um novo compromisso. Mas essa situação deve ser vista como algo grave que exige medidas urgentes.

Assim, não deveria nos surpreender o fato de que muitos dos grandes cristãos que serviram a Deus e à igreja com fidelidade foram também pessoas de oração. Alguém pode estar pensando em Francisco de Assis, que era conhecido por passar horas na presença de Deus, algumas vezes apenas murmurando a palavra "Jesus". Embora possamos não concordar com a teologia de algumas freiras como madre Teresa de Calcutá, nós sabemos que o grande serviço que prestaram sempre foi sustentado por longas horas de devocionais. Credita-se a Martinho Lutero a seguinte afirmação: "Se eu tiver muito trabalho a fazer em um determinado dia, passarei mais tempo do que de costume com Deus, pois precisarei de mais forças para fazer meu trabalho". John Wesley manteve sempre um rígido horário, mas pregou quase até os noventa anos. Ele também ficou conhecido por sua rigorosa disciplina de devocionais diárias. Quase no final da vida ele disse: "Eu me canso no trabalho, mas não canso do trabalho".

Vamos nos assegurar, portanto, de que todo nosso serviço nasça da graça de Deus.

Capítulo vinte e quatro

Nós somos ricos!

Nossas últimas meditações trataram bastante do custo de servir a Deus. Este capítulo, porém, apresenta uma rica bênção que acompanha o trabalho com o evangelho. Achamos apropriado discuti-la aqui, pois não deveríamos jamais falar do custo de servir a Deus sem mencionar a devida confiança de que tudo isso vem acompanhado de uma alegria e uma recompensa que em muito ultrapassam esse custo.

MISTÉRIO

Em Colossenses 1.25, Paulo descreve sua tarefa como sendo a de "de tornar plenamente conhecida a palavra de Deus". Então, ele diz algo sobre esta "palavra de Deus" que ele proclamava: "o mistério que esteve oculto durante séculos e gerações, mas que agora foi manifesto aos seus santos" (1.26). Normalmente pensamos em mistério como algo desconhecido ou como algo que possa ser desvendado pela investigação, como nos livros de mistério. Quando a palavra grega *mustērion* é utilizada no Novo Testamento, ela normalmente significa "aquilo que está oculto e que não pode ser descoberto por meios humanos, mas que tem sido revelado por Deus".[1] Em Efésios 3.3,

---

[1] Cleon l. Rogers Jr. e Cleon L. Rogers III, *New Linguistic & Exegetical Key to the Greek New Testament* (Grand Rapids, MI: Zondervan, 2003, versão eletrônica Pradis, produzida pela Zondervan Interactive, 2004).

Paulo escreve: "e como por revelação me foi manifestado o mistério". Ao lado de *mustērion*, encontramos aqui duas outras palavras bastante significativas: *apokalupsis*, que significa "manifestação, revelação" e *gnōrizō*, cujo significado é "tornar conhecido". Fica claro que o evangelho é uma mensagem que o mundo precisa ouvir e que Deus nos dá agora através de uma inconfundível revelação de sua mente. Os pluralistas religiosos dizem que a verdade de cada religião é descoberta através da busca e da experiência humana. A discussão acima teria lhes mostrado que os cristãos enxergam a verdade não como algo descoberto pelo homem, mas revelado por Deus. Pedro coloca isso desta forma:

> Foi essa salvação que os profetas examinaram e dela procuraram saber com cuidado, profetizando sobre a graça destinada a vós, indagando qual o tempo ou ocasião que o Espírito de Cristo, que estava neles, indicava ao predizer os sofrimentos que sobreviriam a Cristo e a glória que viria depois desses sofrimentos. A eles foi revelado que era para vós, e não para si mesmos, que eles ministravam essas coisas, que agora vos foram anunciadas por aqueles que, pelo Espírito Santo enviado do céu, vos pregaram o evangelho. Até mesmo os anjos desejam examinar tais coisas. (1Pe 1.10-12)

A evangelização não é algo fácil no contexto de hoje. Mesmo assim, nós continuamos a evangelizar, com a forte convicção de que essa é a mensagem do Criador para sua criação e que, portanto, ela vai ao encontro das profundas necessidades das pessoas, sendo a única esperança que lhes resta. Elas até podem não reconhecer esse fato, mas nós sabemos que essa é a verdade e fazemos tudo que podemos para ajudá-las a reconhecê-la também. Mesmo que rejeitem a mensagem e nos persigam, nós sabemos que somente ela pode preencher o profundo vazio de seus corações.

O fato de aquilo que proclamo ser a verdade de Deus me ajuda muito, quando estou cansado, desanimado ou sem vontade de pregar. Com relutância, abro minhas anotações e as leio, e logo compreendo o fato de que aquilo que vou proclamar é a verdade. Ela é gloriosamente verdadeira e a única esperança para aquelas pessoas a quem me dirijo. E por um momento, pelo menos, o meu desânimo e cansaço são esquecidos, e entusiasticamente eu compartilho essa mensagem com as pessoas.

RIQUEZA

Em Colossenses 1, Paulo continua a descrever pouco mais esse mistério: "a quem [isto é, aos santos, v. 26] Deus, entre os gentios, quis dar a conhecer as riquezas da glória deste mistério, a saber, Cristo em vós, a esperança da glória" (Cl 1.27). Paulo refere-se de passagem ao mistério da eleição. "Deus, entre os gentios, quis dar a conhecer" aos santos esse grande "mistério". Por que ele nos escolheu? Nós não sabemos. Esse é um grande privilégio que nos foi concedido. E claro, é também uma enorme responsabilidade.

Observe como Paulo se refere às "riquezas da glória deste mistério". A idéia do evangelho como riqueza aparece cinco vezes em Efésios e Colossenses (Ef 1.18; 3.8, 16; Cl 1.27; 2.2). Davi apresenta os juízos do Senhor como sendo mais preciosos que o ouro — o mais precioso dos metais: "[os juízos do Senhor; v. 9] são mais desejáveis que o ouro, sim, do que muito ouro puro" (Sl 19.10). Enquanto se ocupam em buscar coisas como saúde, riqueza material ou sucesso profissional, as pessoas podem perder a noção das riquezas da graça. No entanto, o evangelho é mais valioso que tudo isso, pois ele atende os profundos anseios do nosso coração e tem o plano mais confiável e empolgante para aquilo que acontece depois desta vida.

Dizem que certa vez um fiscal do imposto de renda se dirigiu a uma casa e pediu a seu proprietário uma lista dos bens que possuía. Esta foi a resposta que o proprietário lhe deu:

Primeiro, tenho a vida eterna.
Segundo, tenho uma mansão no céu.
Terceiro, tenho a paz que ultrapassa todo entendimento.
Quarto, tenho uma alegria indescritível.
Quinto, tenho o amor de Deus que nunca falha.
Sexto, tenho uma esposa fiel.
Sétimo, tenho filhos saudáveis, felizes e obedientes.
Oitavo, tenho amigos fiéis.
Nono, tenho canções de louvor durante a noite.
Décimo, tenho a coroa da vida.

O fiscal fechou o seu livro e respondeu: "O senhor é um homem muito rico, mas suas posses não estão sujeitas à tributação".

Jamais devemos perder de vista a grande riqueza que possuímos. Às vezes, as pessoas se privam da verdadeira riqueza em sua busca pela riqueza terrena. Elas não têm tempo para Deus. Algumas vezes até desobedecem aos princípios de Deus. Com isso podem ter sucesso profissional e chegar ao topo da pirâmide social, mas não têm as coisas que realmente podem lhes trazer satisfação. Jesus disse: "Pois que adianta ao homem ganhar o mundo inteiro e perder a vida? Ou, que dará o homem em troca da sua vida?" (Mt 16.26). A maior de todas as riquezas é o dom da salvação e tudo que o acompanha.

Eu tenho ouvido alguns cristãos dizerem que Deus não tem olhado por eles, embora sejam fiéis. Essa atitude aparece quando não percebemos as riquezas da graça. Deus inverteu nosso caminho — estávamos a caminho do inferno, e ele nos colocou a caminho do céu. E nós ainda somos capazes de dizer que Deus não tem olhado por nós! É a mesma coisa que pessoas que estão fazendo uma desconfortável viagem para o céu reclamarem por não ter certas coisas que outras pessoas, que estão em uma confortável viagem para o inferno, têm. Não devemos esquecer que essa viagem é bem curta. O que realmente importa é aonde chegaremos ao final da jornada. Se perdermos de vista o que as grandes verdades do evangelho nos dizem sobre o que é mais valioso na vida, poderemos ficar deprimidos por não possuirmos bênçãos terrenas como riqueza, conforto, saúde e sucesso.

Paulo queria que os romanos experimentassem a intensidade das riquezas em Cristo, quando disse: "Que o Deus da esperança vos encha de toda alegria e paz na vossa fé, para que transbordeis na esperança pelo poder do Espírito Santo" (Rm 15.13). A alegria e a paz têm origem na fé. Devemos crer que Deus é bom e cuidará de nós. Então poderemos experimentar a alegria e a paz. E mesmo quando as coisas não caminharem muito bem, nós ainda assim poderemos "abundar em graça" e esperar que Deus transforme as situações ruins em coisas boas.

Após falar do evangelho e de sua relação com Israel, Paulo exclamou:

> Ó profundidade da riqueza, da sabedoria e do conhecimento de Deus! Quão insondáveis são os seus juízos, e quão inescrutáveis, os seus caminhos! Pois, quem conheceu a mente do Senhor? Quem se tornou seu conselheiro? Quem primeiro lhe deu alguma coisa, para que lhe seja recompensado? Porque todas as coisas são dele, por ele e para ele. A ele seja a glória eternamente! Amém. (Rm 11. 33-36)

Após resumir as circunstâncias de sua salvação e de seu chamado ao ministério, Paulo exclama: "ao Rei dos séculos, imortal, invisível, ao único Deus, sejam honra e glória para todo o sempre. Amém" (1Tm 1.17). Que nós também possamos nos habituar a ter nossas almas inundadas por nobres louvores, ao nos lembrarmos das nossas riquezas em Cristo.

Capítulo vinte e cinco

A esperança da glória

No último capítulo, nós falamos a respeito de como o evangelho, ao qual Paulo se refere como o mistério que nos foi revelado, é um grande tesouro que nos torna ricos (Cl 1.26-27a). Logo após ter dito isso, Paulo passa a descrever o conteúdo desse mistério: "Cristo em vós, a esperança da glória" (1.27b).

A expressão "Cristo em vós" poderia significar que Cristo está *entre* os cristãos ou *no coração* dos cristãos. Ou poderia ser uma declaração genérica que abrangesse ambas as idéias. Qualquer que seja o significado, o que Paulo está dizendo é que a presença de Cristo dá cor a tudo em nossas vidas. Em outra passagem Paulo diz: "Pois para mim o viver é Cristo" (Fp 1.21). Já discutimos essa idéia, usando termos diferentes, na segunda parte deste livro.

Havia um velho homem que vivia numa casa que poderia ser chamada de "uma casa pobre". Essas casas eram asilos onde moravam pessoas pobres e idosas. Ele andava bastante encurvado e obviamente tinha uma saúde muito frágil. Certa vez, uma pessoa que visitava o local lhe disse que deveria ser difícil para ele viver ali. Ele endireitou-se o quanto pode e respondeu: "Eu não vivo nesta pobre casa. Eu vivo em Deus". A presença de Deus em Cristo colore tudo que fazemos e traz luz à nossa vida.

Paulo explica que a presença de Cristo em nós é "a esperança da glória" (Cl 1.27b). Isto é, a presença de Cristo em nossa vida nos assegura que um dia experimentaremos a plenitude da glória de nossa salvação.

Em várias passagens Paulo diz que o Espírito Santo exerce essa função. O Espírito Santo "é a garantia da nossa herança, para a redenção da propriedade de Deus" (Ef 1.14). Usando outra metáfora ele diz: "mas também nós, que temos os primeiros frutos do Espírito, também gememos em nosso íntimo, aguardando ansiosamente nossa adoção, a redenção do nosso corpo" (Rm 8.23). Esses dois versículos estão dizendo que essa experiência que temos do Espírito Santo é a garantia de que experimentaremos a futura glória prometida. Nada do que foi dito aqui contradiz o nosso texto, na medida em que experimentamos a presença de Cristo em nós através do Espírito Santo. Na verdade, a Bíblia algumas vezes se refere ao Espírito Santo como o "Espírito de Cristo" (Rm 8.9; Fp 1.19; 1Pe 1.11).

Assim, porque Jesus se faz presente em nossas vidas diárias através do Espírito Santo, sabemos que entraremos na glória do céu. E. Stanley Jones (1884-1973) foi um missionário americano que foi para a Índia e que causou um grande impacto em muitos intelectuais na Ásia. Em um livro que publicou aos setenta e nove anos de idade, ele diz:

> Jesus Cristo significa para mim a vida eterna. Eu não a obtenho no futuro, eu a tenho agora mesmo, em Cristo. Tenho a certeza do céu, pois estou certo de Cristo. Estar em Cristo é estar no céu, onde quer que você se encontre. Então, para mim, o fato de eu estar vivo ou morto é, como se diz, uma questão totalmente indiferente.[1]

---

[1] E. Stanley Jones, *The Word Became Flesh* (Nashville: Abingdon Press, 1963), p. 382.

A esperança da glória   177

O principal tema que quero deixar para o leitor através desta meditação é que a perspectiva do céu é o segredo da nossa alegria para, na verdade, toda a nossa vida aqui na terra. No capítulo doze, onde tratamos sobre vergonha ou honra, dissemos que a doutrina do juízo tem o condão de afastar nossa amargura. Agora, eu estou afirmando que um dos aspectos-chave de experimentar Cristo em nossa vida diária é que isso nos assegura de que iremos para o céu. A Bíblia frequentemente fala sobre céu e inferno, pois a compreensão adequada do destino eterno é primordial para determinar o comportamento e as atitudes do cristão. Se soubermos que esta vida é uma curta jornada que nos leva à nossa morada permanente, nossa ambição será viver no presente de modo que tudo corra bem para nós em nossa morada eterna. Assim, a perspectiva do céu nos ajuda a determinar nossas ambições.

Se olharmos para a vida como uma morada temporária, também não nos aborreceremos com os reveses temporários. Nem nos incomodaremos muito quando os ímpios prosperarem por serem maus, enquanto o nosso progresso social é prejudicado por nossa recusa em infringir os princípios bíblicos. O desconforto dos justos é como o desconforto de uma pessoa que faz uma rápida viagem para o céu em um veículo desconfortável. Os ímpios podem estar a caminho do inferno a bordo de um veículo extremamente confortável, mas esse conforto não altera o terrível destino para o qual se dirigem. Do mesmo modo, percebemos que o custo de servir a outros não é tão oneroso quanto parece, pois haverá por esse serviço uma grande recompensa no céu. Jesus disse:

> Bem-aventurados sois, quando vos insultarem, perseguirem e, mentindo, disserem todo mal contra vós por minha causa. Alegrai-vos e exultai, pois a vossa recompensa no céu é grande;

porque assim perseguiram os profetas que viveram antes de vós (Mt 5.11-12).

A perspectiva do céu nos encoraja a seguir a Jesus e também se torna o motivo para grande alegria.

A grande compositora de hinos, Fanny Crosby (1820-1915 — seu nome de casada era Frances J. Van Alstyne) é um bom exemplo do que significa ter Cristo em nós como a esperança da glória. Quando ainda era um bebê de seis semanas, ela teve um resfriado que lhe causou uma inflamação nos olhos. O médico da família estava fora da cidade, e o médico que a tratou ministrou a medicação errada, o que resultou em sua cegueira. Ela se casou como um músico, também cego, e tiveram um filho que faleceu na adolescência. Fanny viveu até os noventa e cinco anos de idade, e compôs oito mil hinos. Seus hinos se caracterizavam pela alegria e enfatizavam o louvor, como comprovam dois de seus hinos mais famosos, "To God be the Glory" [A Deus Toda a Glória] e "Praise Him, Praise Him" [Louvem-no, Louvem-no].

Quando Fanny tinha por volta de cinquenta anos, sua amiga Phoebe Palmer Knapp compôs uma melodia e a trouxe para ela. Fanny disse: "Toque-a para mim". A Sra. Knapp tocou-a e perguntou a Fanny: "O que essa melodia lhe diz?". Ela olhou e viu Fanny se ajoelhando. Assim tocou mais uma vez. E mais uma. Então, Fanny respondeu: "Bendita certeza, Jesus é meu". Pouco depois, ela entregou a letra completa do hino para sua amiga, que ficou espantada. O hino começa com as palavras:

Bendita certeza, Jesus é meu:
Ó que antecipação da glória divina!
Herdeiro da salvação, comprado por Deus,
Nascido do Seu Espírito, lavado em seu sangue.

As duas primeiras linhas refletem a declaração que estamos considerando na meditação deste capítulo: "Cristo em vós, a esperança da glória".
Um de seus últimos hinos dizia:

Algum dia o cordão de prata se romperá,
E eu não mais como agora vou cantar;
Mas, ó, que alegria quando eu acordar
Dentro do palácio do Rei!
Eu o verei face a face,
E contarei a história salvo pela graça;
Eu o verei face a face,
E contarei a história salvo pela graça.

Certa vez um pastor lhe disse que era muito triste o fato de Deus não lhe ter concedido a dádiva da visão. Sua resposta foi: "Se tivessem me concedido escolher no dia de meu nascimento, eu escolheria ser cega ... Pois quando eu chegar no céu, o primeiro rosto que verei será o rosto daquele que morreu por mim!".[2] Será que você pode sentir a gloriosa antecipação do céu?

Isso deveria ser assim para todo cristão. Mas para ser assim, precisamos falar sobre o céu, o inferno e o juízo. É uma criminosa negligência o fato de os pregadores não pregarem sobre isso e os pais não contarem isso a seus filhos. Ora, se o Espírito Santo acha que esse é um tópico importante que precisa ser mencionado frequentemente na Bíblia, isso deve ser um fator muito importante para nos ajudar a viver nossa vida cristã.

---

[2] A maior parte deste material foi extraída de Jane Stuart Smith e Betty Carlson, *Great Christian Hymn Writers* (Wheaton, IL: Crossway Books, 1997), p. 59-64.

Em vista disso, a escassez com que se menciona esse assunto na igreja causa bastante estranheza. Para os cristãos a coisa mais importante é Jesus. E a experiência que temos dele é apenas um vislumbre da glória que nos espera. Que essas verdades possam influenciar poderosamente nosso modo de ver a vida. Que elas possam nos influenciar mais do que o pecado, a hipocrisia e a corrupção do mundo. Esse é um tema que nunca conseguiremos esgotar. Todo aquele que busca será convidado a uma vida de descobertas surpreendentes. Mas tudo isso será apenas uma sombra da glória que nos espera, pela qual aguardamos com ansiosa antecipação. Que esses pensamentos possam nos confortar em nossa dor, motivar-nos para o custo do serviço e ser a constante razão de nossa alegria.

Capítulo vinte e seis

Jesus: a nossa mensagem

Meu pai se converteu a Jesus quando ainda era um estudante universitário, em uma pregação de E. Stanley Jones (1884-1973), um missionário americano que trabalhou na Índia. Dizem que em suas pregações qualquer que fosse o assunto e qualquer que fosse a maneira como ele o abordasse, Jones sempre terminava com Jesus. Se pedíssemos a Paulo que resumisse sua mensagem em uma única palavra, também acho que ele diria: "Jesus". Na verdade, é isso que ele diz em Colossenses 1.28, após apresentar a Cristo como a esperança da glória: "A ele anunciamos, aconselhando e ensinando todo homem com toda a sabedoria, para que apresentemos todo homem perfeito em Cristo".

Há uma série de questões urgentes que exigem nossa atenção no ministério: questões sociais, econômicas, morais, espirituais e até mesmo certas questões relacionadas à igreja. Todos os que desejam ser servos fiéis de Cristo, que desejam representá-lo de forma adequada precisam tratar dessas questões em sua própria vida e ministério. Precisam pregar, ensinar e aconselhar os cristãos a respeito delas, de modo que todos possam saber como responder de maneira cristã aos desafios que enfrentam na vida.

Apesar disso, o centro de tudo é Jesus. Ele é a Verdade (Jo 14.6) e como tal, tudo que fazemos e pensamos é julgado de acordo com a verdade que está em Jesus. Um grande missiólogo inglês e ex-missionário para a Índia, o Bispo Lesslie Newbigin (1909-1998), disse certa vez: "Jesus é para o crente a fonte a partir da qual ele extrai a compreensão de toda a sua experiência e, portanto, o critério pelo qual todas as outras formas de compreensão são julgadas".[1] Assim, nosso foco principal deve estar sempre voltado para Jesus.

Charles Spurgeon (1834-1892) foi indiscutivelmente um dos grandes pregadores de todos os tempos. Sessenta e três volumes de seus sermões já foram publicados. Ele pregou no Metropolitan Tabernacle por mais de trinta anos. No primeiro sermão que pregou no recém-construído Tabernáculo, ele disse:

> Gostaria de propor que o tema do ministério desta casa, enquanto ela existir, seja a pessoa de Jesus Cristo. Jamais me envergonhei de me declarar um calvinista; no entanto, se me perguntassem qual é o meu credo, tenho certeza de que responderia: "É Jesus Cristo". O corpo de doutrinas ao qual eu me uniria e defenderia para sempre, com a ajuda de Deus, é Jesus Cristo; ele é a síntese e a substância do Evangelho; Jesus, que é em si mesmo toda a teologia, a encarnação da própria verdade, a gloriosa personificação do caminho, da verdade, e da vida.[2]

Mais de trinta anos depois, estas foram as últimas palavras que proferiu no púlpito da mesma igreja:

> Jesus é o mais magnânimo dos comandantes. O que há no amor de gracioso, benigno, gentil e amável, rico e superabundante,

---

[1] Lesslie Newbigin, *The Open Secret* (Grand Rapids, MI: Eerdmans, 1978), p. 191.

[2] *Spurgeon at His Best*, comp. Tom Carter (Grand Rapids,MI: Baker, 1988), p. 109.

você sempre encontrará nele. Por esses quarenta anos ou mais em que o tenho servido, nada me resta a fazer senão amá-lo. Servi-lo é vida, é paz, é alegria. Que você também possa se alistar hoje! Que Deus te ajude a se alistar sob a bandeira do comandante Jesus hoje mesmo.[3]

Agora talvez você possa ver porque esta meditação é importante em um livro sobre a alegria e a dor na vida dos servos de Cristo. Vamos enfrentar muita dor enquanto servimos a Deus. Nós seremos desiludidos pelos nossos líderes. Vamos sentir tristeza, angústia, decepção, frustração e até mesmo ira, à medida que virmos aqueles em quem investimos não corresponderem às nossas expectativas. Vamos encontrar pessoas que não nos entendem ou que nos rejeitam, a despeito dos nossos mais sinceros esforços no sentido de sermos honestos e fiéis. Vamos ver o nosso trabalho não ser reconhecido, enquanto o de outros é. Os meandros da política na igreja a princípio nos imobilizarão e depois nos deixarão com um gosto amargo na boca, quando nos perguntarmos "Como líderes cristãos podem agir desta maneira?".

Tudo isso tem poder de nos deixar amargos e rancorosos. Quando isso acontece, não apenas ferimos a nós mesmos, mas também deixamos a mensagem que pregamos pouco atrativa para aqueles a quem ministramos. E com isso, estamos destinados a fracassar em nosso ministério.

No entanto, embora as pessoas nos desapontem, Jesus nunca o faz. Sua graça é bem maior que todos os nossos pecados (Rm 5.20) e é suficiente para cada desafio que enfrentarmos (2Co 12.19). Essa graça não apenas nos ministra, mas é a única esperança de sucesso em nosso desafiante ministério com

---

[3] Ibid., p. 110.

as pessoas que fomos chamados a discipular. Apenas algumas horas atrás minha esposa e eu estávamos conversando sobre o duro desafio que é ministrar fidelidade e motivação para as pessoas com quem trabalhamos, pois vieram a Cristo de um contexto de grande miséria. Com certeza haverá muitos fracassos pelo caminho. Mas existe esperança, pois a graça de Deus é muito maior que esses imensos desafios. Sim, evidentemente teremos que aprender como trabalhar com eles. Precisamos aprender quais são as estratégias mais sábias e eficazes para o serviço. Precisamos tratar as questões que ameaçam inibir o crescimento de nosso povo. Precisamos confrontar e condenar seus pecados mais constantes. Mas sempre, por trás de tudo que lhes dissermos, deve estar o conhecimento de que Jesus é a sua única esperança.

Meu pastor, teólogo e amigo Peter Lewis, de Nottingham, na Inglaterra, escreveu um livro excelente, *The Glory of Christ*. Na introdução dessa obra ele relata o testemunho que ouviu de um pregador, enquanto viajava de férias pelo país de Gales. O pregador disse que aos doze anos de idade ele tinha um herói, um esportista que jogava rugby pela seleção de seu país e cricket pela seleção de seu condado. As paredes de seu quarto estavam repletas de notícias recortadas dos jornais e de fotografias desse esportista. Quando fez quatorze anos, teve a oportunidade de conhecê-lo pessoalmente. Ele começou a acompanhá-lo em pescarias e a observá-lo sob um diferente ponto de vista. Ele "começou a conhecer o homem e não simplesmente a imagem que fazia dele".

Infelizmente, para esse adolescente, o que ele viu não era nada encorajador. O pregador disse: "*Quanto mais eu o conhecia, menor ele se tornava*". Após discorrer sob o fato, ele mudou de tom e disse: "Mas Deus finalmente apresentou um novo herói para aquele jovem estudante. E eu tenho andado com o meu Jesus por trinta e cinco anos. Nesse tempo eu o decepcionei inúmeras vezes, mas ele jamais me decepcionou! Aprendi a conhecê-lo melhor, *e quanto mais o conheço, maior ele se torna aos meus olhos!*". [4]

Sim, a vida de serviço é uma vida que vem acompanhada de muita dor. Mas Jesus continua sendo maravilhoso. Ele é nosso herói. Assim, apesar da dor, podemos nos alegrar!

---

[4] Peter Lewis, *The Glory of Christ* (Londres: Hodder & Stoughton, 1992), p. 1-2, grifo acrescentado.

Capítulo vinte e sete

Discípulos não nascem prontos; eles são preparados

Certa vez, quando falava sobre sua estratégia evangelística, John Wesley disse: "Eu decidi não atacar lugares onde eu não poderia acompanhar o resultado do golpe". Ou seja, ele não pregaria o evangelho em qualquer lugar que fosse, sem antes garantir a existência de meios adequados para ajudar aqueles que receberam salvação a se tornarem discípulos maduros de Cristo. Com certeza, Paulo concordaria com ele.

Após ter dito que proclamava a Cristo, Paulo continuou a dizer como e porque ele fazia isso: "aconselhando e ensinando todo homem com toda a sabedoria, para que apresentemos todo homem perfeito em Cristo" (Cl 1.28). Nós devemos aconselhar a todos. Isto é, quando as pessoas estiverem correndo o risco de praticar o mal, temos que ajudá-las a evitar cometê-lo. Também devemos ensinar a todos. Ou seja, não devemos apenas aconselhá-los, dando-lhes instruções específicas sobre as questões que estejam enfrentando — mas também ensiná-los de forma que possam desenvolver uma mente cristã, de modo que possam olhar todas as coisas do ponto de vista cristão. Em outras palavras, devemos ensinar a quem estivermos discipulando aquilo que Paulo chamou de "todo o propósito de Deus" (At 20.27).

Devemos instruí-los "em toda a sabedoria". A palavra *sabedoria* (*sophia*) "denota não apenas a capacidade de entender algo (At 7.22), mas também de agir de acordo com isso (Cl 1.9; 4.5). É isso que separa a sabedoria do conhecimento".[1] Assim, nossos conselhos e ensinamentos devem ser ministrados de maneira prática. Algo que muito me incomoda é essa divisão da teologia em teologia sistemática ou dogmática e teologia prática. Toda teologia deve ser prática! Ela deve nos levar a responder àquilo que aprendemos com ações que honrem a Deus. É por isso que dizemos que a teologia tem que levar à doxologia, a uma declaração de louvor a Deus.

O aconselhamento e o ensino devem ser ministrados com um objetivo em vista: "para que apresentemos todo homem perfeito em Cristo". A palavra traduzida como "perfeito", *telios*, "tem várias acepções: perfeito, maduro, completo".[2] A maioria das versões em português opta por traduzi-la como "perfeito". Esse versículo fala sobre o trabalho de desenvolver cristãos sólidos, maduros, que conheçam a Palavra e vivam de acordo com ela.

Essa grande responsabilidade de trabalhar para o desenvolvimento de cristãos maduros na igreja é bem ilustrada nas epístolas do Novo Testamento, onde há um claro reconhecimento quanto à existência de uma série de obstáculos ao longo do caminho e do fato de que alguns cristãos acabam por tropeçar neles. O versículo que estamos comentando fala do aconselhamento e do ensino, e as demais epístolas fazem o mesmo. As epístolas mostram a maneira cristã de se lidar com questões difíceis, e apelam para que os cristãos se comportem dessa

---

[1] Willian D. Mounce, ed., *Mounce's Complete Expository Dictionary of Old and New Testament Words* (Grand Rapids, MI: Zondervan, 2006), p. 793.

[2] Ibid., p. 506.

maneira. Às vezes exigem esse comportamento, algumas vezes argumentam a esse respeito, em outras usam até de certo sarcasmo. Os argumentos são feitos com base no Antigo Testamento, no senso comum, nos ensinamentos de Cristo, e até mesmo citam documentos não-cristãos. As epístolas apelam para que a igreja discipline aqueles que não vivem de acordo com o que lhes foi ensinado e repreendem as igrejas por sua demora em lidar com o pecado no corpo de Cristo.

A esse respeito, Paulo afirma: "fomos bondosos entre vós, como a mãe que acaricia os próprios filhos" (1Ts 2.7). Ele explica um aspecto disso no próximo versículo: "Assim, devido ao grande afeto por vós, estávamos preparados a dar-vos de boa vontade não somente o evangelho de Deus, mas também a própria vida, visto que vos tornastes muito amados para nós" (1Ts 2.8). Isto é, Paulo abriu mão de seu direito à privacidade, para que pudesse realmente estar aberto para eles. Ele também disse que agia como um pai: "assim como sabeis que tratávamos a cada um de vós da mesma forma como um pai trata seus filhos, exortando-vos, consolando-vos e insistindo em que vivêsseis de modo digno de Deus, que vos chamou para o seu reino e glória" (1Ts 2.11-12).

Como veremos na meditação do próximo capítulo, desenvolver discípulos maduros é um trabalho extremamente difícil. É tão difícil que acredito que a igreja de um modo geral o esteja negligenciando. As pessoas têm se tornado tão orientadas pelo marketing em tudo o que fazem que acabam vendo só números, e projetam grandes expectativas de crescimento sem, contudo, levar em conta o fato que o desenvolvimento de discípulos maduros é um processo lento, com muitos reveses pelo caminho. Hoje encontramos uma quantidade enorme de programas idealizados com o objetivo de atingir milhões de pessoas através do evangelismo e discipulado. Prósperos empresários chegam a ficar tão impressionados com tais projetos que acabam por financiá-los. Mas temo que todos esses programas voltados para o crescimento não levem em conta a difícil obra do discipulado encarnacional, essa obra fascinante em que os líderes se tornam um com seus filhos espirituais e os acompanham ao longo de seu processo de crescimento.

Como o próprio título do capítulo diz, "discípulos não nascem prontos; são preparados".[3] Esse título foi inspirado num clássico sobre a preparação de discípulos, escrito por Walter Henrichsen. Um outro clássico sobre o tema, da autoria de Leroy Eims, é intitulado *The Lost Art of Disciple Making*.[4] Eis uma arte que devemos resgatar!

Certa vez, eu conversava com um pastor que trabalhava em uma área não alcançada do Sri Lanka sobre a luta para transformar recém-convertidos ao cristianismo em crentes maduros. Falamos sobre a importância de explicar o tipo de vida cristã e de apontar certas áreas na igreja que precisavam ser transformadas. Ele disse que hoje muitos pastores evitam fazer isso, pois esse trabalho traz à tona várias questões que são difíceis de lidar. As pessoas se convertem porque Cristo responde às suas necessidades, não porque queiram ser santas. Se começarmos a falar sobre questões voltadas para a santidade, elas viram as costas e abandonam a igreja. Assim, os pastores evitam esse tipo de discussão. Ora, se permitirmos que isso continue assim, logo chegaremos a um cristianismo nominal.

---

[3] Walter A. Henrichsen, *Disciples Are Made, Not Born* (Wheaton, IL: Victor Books, 1974). Publicado em português sob o título *Discípulos são feitos, não nascem prontos* pela Editora Atos.

[4] Leroy Eims, *The Lost Art of Disciple Making* (Grand Rapids, MI: Zondervan, 1978). Publicado em português sob o título *A arte perdida de fazer discípulos* pela Editora Atos.

Observe que a plena maturidade não é apenas para umas poucas pessoas. O objetivo é "que apresentemos *todo homem* perfeito em Cristo" (Cl 1.28, ênfase acrescentada). A expressão "todo homem" (*panta anthropon*) aparece três vezes na versão grega. Na prática pode ser que nem todos alcancem a maturidade como deveriam. Mas esse não deve ser o caso. A prática não pode ser usada como desculpa. Não podemos descansar até que todos tenham alcançado a maturidade através do discipulado. Esse é um problema para as grandes igrejas, a não ser que haja um esforço para assegurar que todos os membros de uma grande igreja frequentem pequenos grupos de estudos. De outro modo, corremos o risco de que as pessoas frequentem a igreja como meras consumidoras. Elas se misturam à multidão, recebendo anonimamente os programas oferecidos pela igreja.

Os números são importantes, pois representam as pessoas que vieram em busca do Evangelho. Esse é o motivo pelo qual o livro de Atos menciona por duas vezes o número de pessoas que se juntaram à igreja (2.41; 4.4). Mas nosso foco não deveria estar apenas nos números. Devemos nos assegurar de que todos tenham a oportunidade de crescer. Ora, se cada indivíduo é importante para Deus, é lógico que também é importante para a igreja local.

Um pastor que visitava uma família de sua congregação notou que havia muitas crianças na casa. Ele perguntou à mãe: "Quantos filhos você tem?" Ela começou a contar nos dedos, dizendo: "John, Mary, Lucy, David...". O pastor a interrompeu: Eu não quero saber seus nomes — só queria saber quantos". A mãe respondeu: "Eles tem nomes, não números".[5]

---

[5] John T. Seamands, *Daybreak: Daily Devotions from Acts and Pauline Epistles* (Wilmore, KY: publicação privada, 1993), 17 de janeiro.

Devemos nos preocupar com o crescimento de todos os membros, e enquanto isso não for feito, não poderemos descansar. À medida que uma igreja ou um grupo de cristãos cresce, as estruturas devem ser ajustadas para assegurar que nenhum indivíduo seja negligenciado. Caso isso não seja feito, embora a igreja alegue ter crescido, ela não cresceu no sentido bíblico. Ela apenas engordou!

O verbo utilizado na descrição que Paulo faz do objetivo do discipulado é significativo. Ele diz: "para que *apresentemos* todo homem perfeito em Cristo" (Cl 1.28, ênfase acrescentada). Alguns estudiosos notáveis, entre eles F. F. Bruce e Peter O'Brien, destacaram que Paulo, nessa passagem, está se referindo à segunda vinda de Cristo. Nós estamos trabalhando por um objetivo que será alcançado somente no final dos tempos. Nossa grande alegria será apresentar o fruto de nosso trabalho a Deus, no dia do juízo. Naquele dia, as pessoas em quem investimos serão para nós aquilo que os filipenses foram para Paulo: nossa "alegria e coroa" (Fp 4.1).

Quando minha filha era pequena, eu costumava levá-la para a pré-escola todas as manhãs, em minha motocicleta (a motocicleta é o meio de transporte econômico das pessoas de classe média no Sri Lanka). Na entrada da escola, eu sempre encontrava uma jovem senhora que levava quatro crianças em uma perua. Ela abria a porta da perua para que as crianças pudessem sair e, então, cada criança segurava em um de seus dedos, enquanto ela as levava para dentro da escola. Ao olhar essa cena, eu sempre pensava que essa seria a maneira que eu gostaria de ir para o céu: levando comigo cada umas das pessoas em cujas vidas eu tinha investido.

Observe quantas vezes a perspectiva de uma futura recompensa aparece nos escritos de Paulo. No versículo anterior ele havia falado sobre Cristo em nós "a esperança da glória"

(Cl 1.27). A maravilhosa experiência que temos de Cristo é "uma antecipação da glória divina" (expressão extraída do hino "Blessed Assurance"). Jesus também falou muito sobre o céu e o inferno. Na verdade, o seu chamado básico ao discipulado faz várias referências ao juízo final. Depois de ter falado sobre a necessidade de cada um negar a si mesmo, ou seja, da atitude de tomar a cruz e segui-lo (Mc 8.34), ele se referiu ao juízo nos quatro versículos seguintes. Marcos 8.35 diz que aquele que tentar salvar sua vida, irá perdê-la, o que implica em perdê-la eternamente no juízo. Então, nos versículos 36-37, ele fala sobre o que adianta ganhar o mundo inteiro e perder sua vida. No versículo 38, Cristo falou explicitamente sobre a sua volta e sobre o juízo que aguarda aqueles que dele se envergonharem. Assim, tanto a perspectiva do céu como do inferno são motivações importantes para a aceitação da oferta de salvação, para o crescimento na graça e para uma vida de serviço.[6]

Existe uma antiga história medieval sobre um homem que viu num sonho uma mulher carregando uma tocha e um jarro de água. A tocha deveria ser usada para queimar os prazeres do céu e a jarra para resfriar as chamas do inferno.[7] A história ensina que, através da eliminação desses motivos supostamente indignos para se desejar o céu e temer o inferno, as pessoas poderiam começar a amar a Deus por quem ele era. Mas não é isso o que a Bíblia ensina. O céu e o inferno são motivações legítimas para a nossa devoção e obediência a Deus.

---

[6] Veja meu livro *Crucial Questions About Hell* (Eastbourne, UK: Kingsway, 1991; Wheaton, IL: Crossway Books, 1994; Mumbai, India: GLS, 2003), capítulos 12-13.

[7] Citado por Martin E. Marty em "Hell Disappeared, No One Noticed. A Civic Argument", *Harvard Theological Review*, Vol. 78 (3-4) (1985), p. 386.

Há pouco tempo atrás, eu falei para um grupo de dez esposas dos funcionários do ministério Jovens para Cristo. Nós estávamos falando sobre o custo de trabalhar em um ministério de jovens e as recompensas celestiais por isso. Nossos funcionários recebiam salários razoáveis, de acordo com os padrões locais, e mais altos do que o de muitas organizações cristãs. Mas se estivessem trabalhando no mundo empresarial ou em uma das muitas organizações de socorro internacionais que vieram trabalhar no Sri Lanka, após o tsunami, eles receberiam salários bem mais altos. Até mesmo nos círculos cristãos, quem trabalha com jovens não está no topo da hierarquia eclesiástica. Após trabalhar por mais de trinta anos com jovens, as pessoas ainda me perguntam quando é que vou de fato entrar no ministério!

Muito bem, naquela ocasião, uma das esposas do grupo compartilhou que alguns de seus parentes mais próximos lhe diziam coisas que faziam com que ela sentisse envergonhada, uma derrotada na vida. Tudo porque sua família não possuía coisas que eram associadas aos padrões de riqueza e sucesso. Eu a lembrei de que a Bíblia fala frequentemente sobre a vergonha que nós compartilhamos com Cristo, e coloca essa vergonha à luz da honra que nos será concedida no juízo. Também já falamos sobre isso na meditação do capítulo doze.

Então, compartilhei com aquele grupo de esposas aquela analogia que mencionei anteriormente de alguns se dirigindo para o inferno em veículos confortáveis, enquanto outros se dirigem para o céu em veículos bastante desconfortáveis. Da perspectiva celestial, levar aos jovens a salvação eterna, de modo que eles tenham toda uma vida de serviço a Deus é uma obra extremamente valiosa, mesmo que o mundo não a considere como tal.

Se de fato soubéssemos aferir o valor de ajudar as pessoas a prepararem suas moradas eternas, veríamos que valeu a pena o custo que pagamos para fazer esse trabalho. Que a igreja possa trazer o céu e o inferno de volta ao púlpito. E que assim possa desafiar muitos a seguirem o caminho da obediência radical a Cristo e do serviço sacrificial à humanidade.

Capítulo vinte e oito

A luta para fazer discípulos

Em *The Disciplines of a Godly Man* [As disciplinas de um homem de Deus], um livro de grande utilidade, Kent Hughes diz:

> Dizem que o mundo tem sido dirigido por homens cansados, e de fato é verdade, pois nós diariamente podemos observar que a América é governada por líderes políticos cansados, e que as vitórias nas guerras são conquistadas por generais exauridos, e que a paz é assegurada pela negociação de diplomatas extenuados, e que as leis são elaboradas por legisladores exaustos.

Então, ele diz que o mesmo acontece no mundo cristão, pois "o ministério também é levado adiante com a luta incansável de pessoas cansadas... Mostre-me uma grande igreja e eu lhe mostrarei pessoas cansadas".[1]

Paulo concordaria plenamente com essa colocação. Logo após descrever a obra da preparação de discípulos, ele diz: "Para isso eu trabalho, lutando de acordo com a sua eficácia, que atua poderosamente em mim" (Cl 1.29). O verbo traduzido como "trabalho" (*kopiaō*) tem o sentido de "trabalhar, trabalhar

---

[1] Kent Hughes, *The Discipline of a Godly Man*, Edição do décimo aniversário, Edição Revisada (Wheaton, IL: Crossway Books, 2001), p. 214. Publicado em português, sob o título *Disciplinas do homem cristão* pela CPAD (Casa Publicadora das Assembléias de Deus)

intensamente e com perseverança, lutar, labutar, trabalhar até ficar cansado ou fatigado".[2] Em outras passagens, Paulo diz: "Irmãos, sem dúvida vos lembrais do nosso trabalho e fadiga; trabalhamos dia e noite para não ser um peso a nenhum de vós, enquanto vos pregamos o evangelho de Deus" (1Ts 2.9; veja também 2Co 11.27). Kent Hughes conta que certo dia, a oração de D. L. Moody antes de se deitar foi: "Senhor, eu estou cansado! Amém". Ele conta ainda: "Dizem que Lutero trabalhava tanto que frequentemente caía na cama sem nem ter tempo de trocar os lençóis durante o ano inteiro!".[3]

Mas, afinal, por que o discipulado requer tanto trabalho? Eu acho que a primeira coisa que temos a dizer é que o simples fato de viver uma vida equilibrada, mesmo sem levar em conta o trabalho do discipulado, é algo que tem tantas facetas que pode ser difícil de alcançar. A vida equilibrada para um cristão não consiste em fazer "tudo com moderação", mas em ser "obediente em todas as áreas". Assim, todos aqueles que buscam viver como cristãos equilibrados devem:

- assegurar-se de que tenham uma vida devocional e de oração vibrante;
- estar regularmente em comunhão com outras pessoas, o que irá motivá-los ao amor e às boas obras (Hb 10.24-25);
- cumprir com suas obrigações familiares;
- fazer bem seu trabalho e dedicar-se aos estudos;
- ter contato com a sociedade que o cerca, tal como seus vizinhos;
- estar informado sobre o mundo à sua volta;

---

[2] Barclay Newman, *New Testament Greek-English Dictionary* (Reading, UK: United Bible Societies).
[3] Hughes, *The Discipline of a Godly Man*, p. 197.

A luta para fazer discípulos 199

- ter algum tempo para o lazer, de preferência com a família;
- exercitar-se regularmente.

Adicione a tudo isso o ministério de preparação de discípulos e o cansaço será inevitável. Quando trabalhamos para alcançar a plena maturidade de uma pessoa, há uma série de áreas que precisam ser tratadas. Por grande parte do meu ministério, tenho trabalhado principalmente com a primeira geração de cristãos. Por não terem um passado cristão, muitos valores cristãos não estão incluídos no modo como encaram a vida. As visões que têm de Deus e da moralidade diferem em muito da nossa. Muitos carregam feridas e traumas decorrentes de abusos. Assim, será preciso muito trabalho antes que eles alcancem a plenitude do caráter cristão. Eu acredito que isso também aconteça cada vez mais no Ocidente, onde muitas pessoas que se convertem a Cristo sabem muito pouco sobre o cristianismo ou o modo de vida cristão.

No mundo de hoje, o discipulado deveria incluir várias atividades:

- Precisamos dedicar tempo a encontros pessoais regulares, pois eles nos ajudarão a ministrar de acordo com as necessidades de cada pessoa e a definir as melhores maneiras de lidar com os problemas que elas enfrentam na vida.

- Temos que assegurar que as pessoas estejam aprendendo os princípios básicos do cristianismo e também comecem a se sentir familiarizadas com a Bíblia. Às vezes isso é mais fácil de acontecer em um pequeno grupo de estudo.

- Precisamos visitá-las quando tiverem necessidades especiais, como depressão, desânimo, enfermidades, ou quando fraquejarem na fé. Precisamos estar com elas em datas especiais, tais como batismo, aniversário e formatura.

Eu não conheço melhor maneira de comunicar a verdade de modo que seja particularmente relevante à situação dessas pessoas do que estar junto delas. Paulo disse aos presbíteros em Éfeso:

> Bem sabeis de que modo tenho vivido entre vós o tempo todo, desde o primeiro dia em que entrei na Ásia [...] Não me esquivei de vos anunciar nada que fosse benéfico, ensinando-vos publicamente e de casa em casa [...] Portanto, estai atentos, lembrando-vos de que durante três anos não cessei, dia e noite e com lágrimas, de aconselhar cada um de vós (At 20.18, 20, 31).

Ele foi capaz de aconselhar cada um com lágrimas porque estava perto deles. Quando nos aproximamos das pessoas conseguimos perceber as dificuldades que enfrentam e, assim, trabalhar para descobrir como podemos aplicar a verdade bíblica à vida delas.

Creio que também eu tenho me fatigado durante a maior parte do tempo no meu ministério. Mas também creio que me sinto tão bem e tão motivado com o ministério quanto no dia em comecei, há mais de trinta anos atrás. Acredito que uma razão para eu me sentir assim está no fato de que tive de estudar a Bíblia, a fim de poder trazer às pessoas a quem eu ministrava uma palavra específica de Deus para a sua situação em particular. Como um pastor, a quem é passada a tarefa de ajudar a cuidar do rebanho, eu tive que estudar muito para que pudesse ensiná-las. Encontrar tempo para estudar em meio à correria do ministério tem sido difícil e tem contribuído para o meu cansaço. Mas tudo aquilo que contribui para o nosso cansaço também contribui para a renovação de nossas forças. Quando passamos tempo com a Bíblia, somos alimentados, inspirados, desafiados e motivados a proclamá-la, pois ela é a Palavra de Deus. É como dar uma nova carga a uma velha bateria.

George Mueller (1805-1898) aos setenta anos se aposentou da direção dos orfanatos que construiu e começou um novo ministério, como evangelista itinerante. Ele viajou pelo mundo todo até os oitenta e sete anos de idade e viveu até os noventa anos. Quando lhe perguntaram seu segredo para uma vida longa, uma das três razões que ele apontou foi: "o amor que ele sentia pelas Escrituras e o poder constantemente renovador que elas exerciam sobre todo o seu ser (Pv 3.2; 8; 4.22)".[4] Cansado, mas renovado! A preparação de discípulos força você a buscar a Palavra, e esta, por sua vez, renova suas forças!

Por outro lado, algumas vezes me sinto cansado porque estou fazendo algo que não precisava fazer. Para mim é muito difícil dizer não. Isso é agravado pelo fato de que, em minha cultura, uma *resposta negativa* frequentemente é tomada como insulto. Assim, tive que pedir ajuda aos diretores da missão, para aqueles que trabalham comigo e também à minha esposa, para que formulássemos regras rígidas sobre quais convites eu poderia e quais eu não poderia aceitar. Isso tem me ajudado a dizer não e também tem de algum modo me protegido daqueles que pudessem vir a me acusar de alguma razão injusta para recusar seus convites.

Outra coisa que devemos sempre nos lembrar é de nos *afastar* das atividades que não precisamos fazer. Devemos sempre trabalhar com as pessoas com quem compartilhamos nosso ministério no sentido de formular normas de procedimento sobre o que devemos e o que não devemos fazer. Meus colegas de trabalho ajudaram-me a decidir que eu não deveria

---

[4] *George Mueller: Man of Faith*, ed., A. Sims (publicado privadamente em Singapura por Warren Myers), p. 52, extraído de *Na Hour with George Mueller* (Grand Rapids, MI: Zondervan), p. 51.

participar de comitês, na medida em que meu trabalho fora do "Jovens para Cristo" e da igreja deveria ser na área de ensino, em vez de integrar algum comitê. Acredito que quanto mais tempo estivermos envolvidos na vida de serviço, mais precisaremos nos afastar das atividades secundárias.

Em seguida, precisamos aprender a *delegar*, como Moisés aprendeu com seu sogro, quando não conseguia mais atender à multidão que o procurava (Êx 18). Os líderes de Deus não precisam cuidar pessoalmente de cada um dos indivíduos do grupo que lideram, embora devam se assegurar de que as necessidades de cada um sejam atendidas. Eles precisam recrutar pessoas para fazer uma parte ou até mesmo a maior parte do trabalho. Aquele que faz o trabalho que outros poderiam fazer pode estar sendo vítima do complexo de Messias, algo não muito saudável. Ele possivelmente está buscando no trabalho a realização que deveria buscar em Deus. É evidente que um líder que consistentemente tem discipulado pessoas encontrará voluntários entre essas mesmas pessoas que poderão assumir parte do trabalho.

Assim, por mais ocupados que estivermos, precisaremos de um *sabbath*. Isso é feito primeiramente como um ato de obediência: Ora, se Deus disse que isso é bom para nós, com certeza *será* bom para nós. Entre outras coisas, esse período renova nossas forças e nos ajuda a colocar a prioridade onde deveria realmente estar: no Deus que trabalha por nós. Quando paramos de trabalhar, nós reafirmamos isso e aprendemos a confiar em Deus, e não em nossas próprias habilidades.

Ora, se aprendermos a dizer não no momento em que for preciso, se nos afastarmos do que não nos convém assumir, se delegarmos com sabedoria e fielmente guardarmos o *sabbath*, por que ainda assim ficaremos cansados? Eu acredito que uma das razões para isso é que as necessidades das pessoas sob nossa responsabilidade muitas vezes surgem nos momentos mais inesperados e inoportunos. Por exemplo, alguém que estamos discipulando pode apresentar uma necessidade urgente, bem no momento em que estamos nos esforçando para terminar nosso sermão. Talvez essa pessoa tenha que ser atendida imediatamente. Se a atendermos, não podemos nos esquecer de nosso sermão. Devemos fazer o melhor trabalho possível quando proclamamos a Palavra de Deus. Assim, podemos acabar ficando cansados, pois além do trabalho de discipulado, adiamos nosso período de descanso para preparar melhor nossa mensagem.

Também considero as emergências familiares como algo a que devo estar absolutamente disposto a sacrificar tempo para atender. Nossos familiares são a nossa principal responsabilidade na vida. Assim, apesar de estarmos cansados, temos que cuidar deles. Tenho tentado deixar meus filhos cientes de que eu adoro e estarei sempre pronto a levá-los a qualquer lugar, sempre que preciso, mesmo que esteja muito cansado. Eu acho que eles se sentem felizes em saber isso.

Hoje é sábado e, para variar, eu estou muito ocupado, pois além de ter alguns compromissos marcados, preciso terminar de escrever esta meditação. Meu filho veio para casa, e trouxe com ele dois adolescentes da cidade onde está trabalhando como professor e também servindo como coordenador voluntário no ministério Jovens para Cristo. Ele veio para comprar uma bateria para uma das bandas do Jovens para Cristo em sua cidade, e precisava de alguém para levá-lo nas lojas. Eu me ofereci para fazê-lo. O resultado é que hoje à noite vou dormir bem menos do que esperava. Mas estou feliz. E acredito que a maneira como tenho agido com meus filhos os tem ajudado a não ficarem ressentidos com o meu ministério, que tanto tem tomado do meu tempo e energia, sem dar quase nada em termos de recompensas terrenas.

Deixe-me dizer mais uma coisa. Satanás frequentemente tenta nos atingir quando estamos cansados e precisamos estar conscientes disso. Isso é especialmente crítico quando estamos cansados por causa da pressão que sofremos antes e durante um determinado evento importante. No relaxamento natural que acontece após o evento, nossos níveis de adrenalina podem ainda estar elevados, o que pode fazer com que não consigamos dormir. E nós também podemos ficar perigosamente vulneráveis à tentação. Tenho lido sobre alguns pastores que visitam prostitutas nas noites de domingo. Podemos ser tentados a assistir um programa de TV inadequado, quando voltamos para o hotel após um pesado dia de pregação.

A resposta é se antecipar ao cansaço e arrumar coisas proveitosas para se fazer quando estamos cansados. Eu normalmente peço para que me hospedem em uma casa de família, quando prego em algum lugar distante de minha própria casa. Além de estar em um lugar onde a tentação é menor, a conversa com os anfitriões, apesar de consumir muito tempo, é uma boa forma de conhecer o público a quem vou me dirigir. Eu sempre levo alguns livros de mistério para ler quando estiver cansado, uma vez que nem sempre estou disposto a ler livros cristãos em tais momentos. Levo também um rádio para que eu possa ouvir música clássica (uma das coisas que considero mais prazerosas), se houver uma estação próxima. E se estiver hospedado em um hotel, eu sempre aviso — por meio de mensagens de texto em meu telefone celular — meus colegas de trabalho e minha esposa sobre onde estou e tudo o que acontece ali. Essas são algumas maneiras práticas de evitar cair em tentação nos momentos de cansaço. Acredito que existam outras maneiras proveitosas de ocupar o tempo e driblar o cansaço natural da nossa luta para fazer discípulos.

Capítulo vinte e nove

Ele nos dá forças

Até agora, discorremos sobre quatro aspectos da descrição que Paulo faz acerca da preparação de discípulos em Colossenses 1.28-29: anunciar (ou proclamar), aconselhar, ensinar e trabalhar com perseverança, ou seja, lutar. Duas outras características são dadas no versículo 29: estamos envolvidos em uma grande luta, mas lutamos de acordo com a eficácia de Deus, que atua poderosamente em nós.

LUTANDO

Paulo diz: "Para isso eu trabalho, lutando [*agōnizomenos*] de acordo com a sua eficácia, que atua poderosamente em mim" (Cl 1.29). A palavra traduzida como "lutando" corresponde ao termo grego *agōnizomai*, que aparece oito vezes no Novo Testamento. João a utiliza em um contexto de batalha, quando reproduz as palavras de Jesus para Pôncio Pilatos: "Se o meu reino fosse deste mundo, os meus servos lutariam [*ēgōnizonto*] para que eu não fosse entregue aos judeus" (Jo 18.36). Paulo também a utilizou dessa maneira: "Trava [*agōnizou*] a boa batalha da fé." (1Tm 6.12a), e "Combati [*ēgōnismai*] o bom combate, terminei a carreira, guardei a fé." (2Tm 4.7). Paulo também utiliza a palavra em um contexto relacionado a esportes: "Todos os que competem nos jogos se submetem a um treinamento rigoroso" (1Co 9.25, NVI). Aqui "competem nos jogos" é a tradução de *agōnizomenos*.

A preparação de discípulos é uma árdua batalha pelas almas. Hoje mesmo, pela manhã, um jovem voluntário do Jovens para Cristo me disse:

> É uma luta discipular esses jovens! Eles fazem o trabalho do Jovens para Cristo, mas negligenciam seus estudos. Eles se envolvem na obra de Deus, mas negligenciam suas famílias. Às vezes passam dias sem fazer suas devocionais. Tentar mantê-los na linha é muito difícil.

Tanto na época de Paulo quanto na nossa, o discipulado é uma batalha pelas almas que também envolve dissabores. Paulo passou por isso quando os gálatas sucumbiram aos falsos ensinamentos. Assim ele expressou sua dor:

> Meus filhos, por quem sofro de novo dores de parto, até que Cristo seja formado em vós, bem que eu gostaria de agora estar presente convosco e mudar o tom da minha voz. Pois estou perplexo a vosso respeito (Gl 4.19-20).

Mas essa dor não fez com que ele desistisse. Ela o levou a se concentrar ainda mais na batalha. Assim, ele lhes escreveu uma carta que é hoje considerada uma obra-prima da argumentação teológica. Após suas costumeiras saudações (Gl 1.1-5), ele vai diretamente ao ponto ao dizer: "Estou admirado de que estejais vos desviando tão depressa daquele que vos chamou pela graça de Cristo para outro evangelho" (Gl 1.6). A maior parte do livro de Gálatas carrega esse tom de urgência.

Paulo batalhou pelas almas dos coríntios do mesmo modo que batalhou pelas almas dos gálatas. Podemos observar isso pela descrição de como ele escreveu sua pesarosa carta: "Porque vos escrevi em meio a muita tribulação e angústia de coração, com muitas lágrimas, não para que vos entristecêsseis, mas para que soubésseis do amor intenso que tenho por vós" (2Co 2-4).

Os novos cristãos às vezes se afastam dos caminhos de Deus. Entretanto, para trazê-los de volta a seus caminhos, Deus utiliza frequentemente o compromisso ardente e perseverante daqueles que fazem discípulos. Eu descobri que, quando os nossos jovens se afastavam do Senhor, quase sempre a primeira pessoa que eles começavam a acusar era a mesma pessoa que tinha feito de tudo para discipulá-los. Isso dói, mas não é razão suficiente para desistirmos deles. Parece ter havido alguns cristãos, tanto na Galácia como em Corinto, que também disseram coisas ruins sobre Paulo. Mas ele lhes escreveu as cartas que hoje temos na Bíblia.

Certa vez, o pastor escocês Robert Murray M'Cheyne, pregando para sua congregação, disse: "Irmãos, algumas vezes eu não me importaria de ser enterrado sob a grama no cemitério da igreja, de ser esquecido e pisoteado, se pelo menos vocês fossem amigos de Cristo".[1]

A meu ver, um dos usos que Paulo faz do termo *agōnizomai* é pertinente para a nossa discussão. Em Colosensses 4.12 Paulo discorria sobre como Epafras estava orando pelos colossenses. Epafras era originariamente de Colossos, e é bem possível até que ele tenha fundado aquela igreja, embora no momento ele estivesse com Paulo. Paulo disse: "Cumprimenta-vos Epafras, que é um de vós, servo de Cristo Jesus, que sempre luta [*agōnizomenos*] por vós em suas orações, para que permaneçais amadurecidos e plenamente seguros em toda a vontade de Deus". Epafras estava lutando

---
[1] Robert Murray M'Cheine, *A Basket of Fragments* (Inverness, Scotland: Christian Focus Publications), p. 6.

em suas orações do local onde se encontrava, ou seja, em Roma ou Cesárea. Eu acredito que foi daí que surgiu a expressão *agonizando em oração*.

Quando intercedemos por alguém, estamos lutando por essa pessoa como numa batalha. Isso me lembra da luta de Josué contra os amalequitas, quando a vitória foi alcançada graças às orações de Moisés, cujas mãos foram sustentadas por Arão e Hur (Êx 17.10-13). Epafras também fez o mesmo, como Paulo continua a contar: "Sou testemunha de que ele tem grande cuidado por vós" (Cl 4.13). Como Epafras poderia ter grande cuidado pelos colossenses, quando se encontrava a centenas de quilômetros? Através da oração! Quando oramos pelas pessoas, estamos trabalhando por elas. Eu creio que esse seja o trabalho mais importante que fazemos pelas pessoas que discipulamos.

Evidentemente que a oração não é apenas uma forma de trabalhar pelos outros, mas também um meio de renovarmos nossas forças. Quando oramos estamos em contato direto com Deus. A porta se abre para que o amor de Deus possa fluir em nós. No entanto, ao mesmo tempo em que esse amor flui em nós, passa a fluir também nas pessoas, quando demonstramos nosso amor ao orar por elas. O resultado de tudo isso é o amor fluindo livremente. E uma vez que o amor de Deus é bem maior do que o nosso, podemos esperar que muito mais amor flua em nós do que flua a partir de nós. Com isso, o amor flui em nós e também flui de nós! E nesse processo somos renovados.

Na verdade, eu descobri que orar pelas pessoas que estão sob os meus cuidados é uma boa forma de me preparar para falar. Descobri isso quando estava pregando na Conferência Amsterdan 2000 para Evangelistas Itinerantes. Eu senti que precisava de unção para falar nesse grande encontro. Assim, na manhã em que eu faria a minha preleção, acordei bem cedo para orar. Após algum tempo em oração, senti que já tinha feito todas as petições relacionadas àquilo que falaria naquele dia. Então, peguei minha lista de pedidos e passei o restante do tempo orando pelas pessoas que estavam sob os meus cuidados. Mais tarde percebi que minhas orações foram uma espécie de preparação para minha palestra, pois eu não apenas entrara em contato, mas também em sintonia com Deus através da oração. E era isso mesmo que eu precisava fazer para abrir a porta a fim de que o Espírito pudesse fluir através de mim. Assim, embora orar pelos outros seja uma luta, uma batalha, esse luta renova as nossas energias.

Devemos observar que certos tipos de oração que fazemos por outras pessoas, como a oração para expulsar demônios ou por aqueles que respondem a apelos no culto, podem ser bastante desgastantes. Após uma mulher que sofria de uma hemorragia ter tocado em Jesus e ter sido curada, ele disse: "Alguém me tocou; pois percebi que saiu poder de mim" (Lc 8.46). O poder saiu de Jesus quando ele curou essa mulher. Do mesmo modo, alguns tipos especiais de oração podem nos desgastar, drenando nossos espíritos. Mas geralmente a intercessão renova nossas forças, pois nos aproxima de Deus. Isso nos leva ao nosso próximo ponto.

DE ACORDO COM A SUA EFICÁCIA, QUE ATUA PODEROSAMENTE EM MIM

Paulo disse que para isso trabalhava, "lutando de acordo com a sua *eficácia*, que *atua* poderosamente em mim" (Cl 1.29). Ele recorre a três palavras relacionadas à energia para destacar esse ponto. Uma tradução literal dessa passagem seria: "Para o que também trabalho com diligência, esforçando-me com afinco, segundo a *eficiência* dele que *opera* (*atua*) em mim *com poder*". *Eficácia ou eficiência* traduzem o substantivo *energeia*; *opera* ou *atua* traduzem o verbo *energeō*, e *poderosamente ou com poder* traduzem *dynamis*. Paulo não nos deixa dúvida alguma quanto ao fato de que toda a energia necessária para a obra do discipulado vem de Deus.

À medida que nos esforçamos, lutando para ver discípulos de Cristo alcançando a maturidade, Deus nos dá a energia que precisamos para cumprir essa tarefa. É claro que devemos seguir certas regras sobra as quais falamos nos capítulos anteriores: aprender a dizer não no momento em que for preciso, nos afastarmos do que não nos convém assumir, delegar com sabedoria, fielmente guardar o *sabbath* e passar tempo com Deus. Se nos assegurarmos de que estamos utilizando os meios que Deus colocou à disposição para renovarmos nossas forças, então podemos ter a certeza de que teremos energia suficiente para a tarefa. O que Deus disse a Paulo sobre o espinho na carne se aplica também à vida de serviço: "A minha graça te é suficiente, pois o meu poder se aperfeiçoa na fraqueza" (2Co 12.9).

- Deus nos fortalece *espiritualmente* ao estar conosco e nos capacitar a fazer o que temos que fazer. Quando vamos conversar com um discípulo que está desobedecendo a Cristo, nós oramos para que Deus nos dê a graça de falar com ele da maneira correta, e Deus realmente nos dá as palavras certas.

- Às vezes, nos sentimos *fisicamente* debilitados e incapazes de continuar servindo a Deus por estarmos cansados. De repente, uma reunião é cancelada ou alguma coisa desse tipo acontece. E com isso conseguimos colocar em dia nossa necessidade de descanso.

- Muitas vezes nos sentimos *emocionalmente* frágeis, porque somos feridos enquanto ministramos a outros.

Nessas horas nos sentimos desanimados e pouco propensos a continuar correndo esse tipo de risco em nosso ministério. Mas, ao lermos a Bíblia, Deus nos fala de modo inconfundível. Ou Deus nos fala claramente através de uma mensagem que ouvimos na igreja. E então somos encorajados a seguir em frente.

Como Paulo colocou: "Quem vos chamou é fiel, e ele também o fará" (1Ts 5.24). Nesta seção, apresentamos várias promessas de que Deus nos capacitaria a fazer aquilo que precisamos fazer. Que essas promessas nos fortaleçam para servi-lo com fidelidade!

Uma meditação final

Capítulo trinta

Um paradoxo da vida cristã

Este livro colocou diante de você um dos muitos paradoxos do cristianismo. Por um lado, a Bíblia promete que Deus olhará pelos fiéis e proverá todas as suas necessidades. Jesus disse: "buscai primeiro o seu reino e a sua justiça, e todas essas coisas [as necessidades terrenas] vos serão acrescentadas" (Mt 6.33). Paulo disse: "O meu Deus suprirá todas as vossas necessidades, segundo sua riqueza na glória em Cristo Jesus" (Fp 4.19). Davi disse: "Já fui moço, e agora estou velho; mas nunca vi o justo desamparado, nem seus descendentes a mendigar o pão" (Sl 37.25).

Por outro lado, sabemos que Jesus também prometeu sofrimento para aqueles que o seguissem. As palavras de Paulo a respeito de Deus suprir as nossas necessidades foram escritas da prisão. O paradoxo também pode ser visto em três declarações que Jesus fez sobre o sofrimento que seus discípulos enfrentariam.

- Após conclamar as pessoas a negarem a si mesmas e tomarem sua própria cruz de sofrimento, Jesus disse: "Pois quem quiser preservar sua vida, irá perdê-la; mas quem perder a vida por causa de mim e do evangelho, irá preservá-la" (Mc 8.35). Portanto, o sofrimento produzirá vida real e abundante.

♦ Jesus também disse: "Lembrai-vos da palavra que eu vos disse: o servo não é maior que o seu senhor. Se perseguiram a mim, também vos perseguirão; se obedeceram à minha palavra, obedecerão também à vossa" (Jo 15.20). A rejeição e a perseguição serão acompanhadas pela aceitação.

♦ Ele disse ainda: "Eu vos tenho dito essas coisas, para que tenhais paz em mim. No mundo tereis tribulações; mas não vos desanimeis! Eu venci o mundo" (Jo 16.33). Enfrentamos a tribulação com a confiança de que Cristo já venceu o mundo. Portanto nós temos paz em meio à tribulação.

De modo semelhante, a carta que Paulo escreveu da prisão aos filipenses dizia: "Irmãos, quero que saibais que as coisas que me aconteceram contribuíram para o avanço do evangelho" (Fp 1.12). Por isso, ele foi capaz de dizer aos filipenses: "Alegrai-vos sempre no Senhor; e digo outra vez: Alegrai-vos!" (Fp 4.4). E também foi capaz de afirmar que, depois que fizessem seus pedidos plenamente conhecidos diante de Deus, "a paz de Deus, que ultrapassa todo entendimento, guardará o vosso coração e os vossos pensamentos em Cristo Jesus" (4.7). Na mesma carta Paulo mostra que conhecer a Cristo é um tesouro tão grande, que faz com que a perda de algo que o mundo considere valioso seja insignificante:

> Sim, de fato também considero todas as coisas como perda, comparadas com a superioridade do conhecimento de Cristo Jesus, meu Senhor, pelo qual perdi todas essas coisas. Eu as considero como esterco, para que possa ganhar Cristo (Fp 3.8).

Assim, para nós, o sofrimento não é um dilema. O teólogo alemão, Dietrich Bonhoeffer, foi uma das mentes mais brilhantes da igreja no século vinte. Ele se opôs fortemente ao regime nazista. Quando estava em seu período sabático nos Estados Unidos, ele foi desafiado a permanecer no país para dar continuidade à sua carreira teológica, em vez de voltar para a Alemanha, onde, com certeza, correria grandes riscos. Bonhoeffer escreveu para Reinhold Niebuhr, um dos que haviam lhe arranjado o período sabático nos Estados Unidos, dizendo:

> Foi um erro a minha vinda aos Estados Unidos. Eu tenho que viver este difícil período da história da minha nação ao lado dos cristãos na Alemanha. Eu não terei o direito de participar na reconstrução do cristianismo na Alemanha, após a guerra, se eu não compartilhar das tribulações desse tempo junto ao meu povo.[1]

Bonhoeffer foi executado pelos nazistas em 1945, após passar dois anos na prisão.

Bonhoeffer sentiu que as pessoas estavam fazendo de seu sofrimento algo muito grande. Cerca de um ano antes de ser executado, escrevendo da prisão de Tegel a seu amigo Eberhard Bethge, que mais tarde se tornou seu biógrafo, ele disse:

> Dentro de mim surge um protesto, quando leio referências nas cartas [...] em relação a meus sofrimentos. Para mim, isso parece um sacrilégio. Essas coisas não devem ser dramatizadas. É mais do que questionável dizer que eu esteja sofrendo

---

[1] Citado em Eberhard Bethge, *Bonhoeffer: An Illustrated Biography* (Londres: Found Paperbacks, HarperCollins Publishers, 1979), p. 62.

mais do que você ou até mesmo do que a maioria das pessoas daqui. É claro que, muito do que acontece aqui [na prisão] é repulsivo, mas onde não está acontecendo o mesmo? Talvez estejamos acostumados a levar as coisas demasiadamente a sério a esse respeito.

Mais adiante, na mesma carta, ele diz: "Devo confessar que às vezes me envergonho do quanto temos falado a respeito de nosso próprio sofrimento".[2] Naturalmente, as pessoas não vão entender isso. Algumas podem até admirar o nosso compromisso, mas muitas vão pensar que estamos fazendo algo de errado e nos desprezarão. Bonhoeffer fala sobre isso em seu livro *The Cost of Discipleship*. Referindo-se à afirmação de Cristo de que " era necessário que o Filho do homem sofresse muitas coisas, fosse rejeitado pelos líderes religiosos, principais sacerdotes e escribas" (Mc 8.31), Bonhoeffer diz: "Sofrimento e rejeição não são a mesma coisa". Depois de descrever o modo como as pessoas podiam ver o sofrimento de uma forma positiva, ele diz: "Jesus, porém, é o Cristo rejeitado no sofrimento. A rejeição rouba toda a honra e dignidade do sofrimento. É um sofrer destituído de honra".[3]

As pessoas mais próximas de nós vão tentar de tudo para que evitemos o sofrimento. É difícil suportar o fato de que irmãos, a quem amamos, tentem nos desencorajar a tomar o caminho da cruz. Mas é preciso lembrar que Jesus chamou Pedro de "Satanás" (Mc 8.33), pouco depois de ter elogiado

---

[2] Dietrich Bonhoeffer, *Meditations on the Cross*, ed. Manfred Weber, trad. Douglas W. Stott (Louisville: Westminster John Knox Press, 1998), p. 9.

[3] Dietrich Bonhoeffer, *The Cost of Discipleship*, Parte 1, citado em *Meditation on the Cross*, ps. 11-12. O livro *The Cost of Discipleship* foi publicado em português pela Editora Sinodal com o título *Discipulado*.

sua consistente declaração de fé de que Jesus era "o Cristo, o Filho do Deus vivo" (Mt 16.16-17; Mc 8.29). Comentando a esse respeito, Bonhoeffer diz: "Qualquer tentativa de impedir o necessário é satânica".[4]

Para sobreviver ao longo do caminho da cruz, precisamos desenvolver uma atitude bíblica em relação ao sofrimento. Bonhoeffer nos será útil novamente aqui. Cerca de um ano antes de ser preso, ele escreveu em uma de suas cartas:

> ... é bom aprender desde cedo que sofrimento e Deus não são coisas contraditórias, mas, sim, uma unidade necessária. Para mim, a idéia de que, na verdade, é Deus quem sofre tem sido sempre um dos mais persuasivos ensinamentos do cristianismo. Acredito que Deus está mais perto do sofrimento do que da felicidade, e que encontrar Deus dessa maneira nos traz paz, refrigério e um coração forte e corajoso.[5]

Alguns cristãos, nos primeiros séculos da igreja, chegavam ao extremo de desejar o martírio. Em lugar nenhum é dito para que busquemos o sofrimento, como se ele fosse um fim em si mesmo. Aqueles que não estão sofrendo não precisam se sentir culpados por isso! Que procurem abandonar-se por completo a Cristo. Assim, embora não procurem o sofrimento, eles experimentarão algum tipo de sofrimento, pois Jesus prometeu que isso aconteceria. Mas quando Jesus é tudo para nós, o sofrimento deixa de ser um grande problema. Se tivermos Jesus conosco, teremos aquilo que mais importa. Seu amor por nós nos traz a alegria que se torna a nossa força. Então, poderemos

---

[4] Dietrich Bonhoeffer, *The Cost of Discipleship*, Parte 1, citado em *Meditation on the Cross*, p. 12.

[5] Bonhoeffer, *Meditations on the Cross*, p. 46.

suportar o sofrimento e sermos seres humanos totalmente realizados, mesmo em meio a qualquer tipo de sofrimento. Espero que este livro tenha ajudado você a desenvolver uma perspectiva de vida (ou a confirmar uma perspectiva já existente) que se recusa a ver o sofrimento como algo de extrema importância. O mais importante é sempre a nossa relação de amor com Deus, por meio de Cristo. Se o sofrimento nos ajudar a chegar mais perto de Jesus e a sermos mais eficazes no seu serviço, então vamos recebê-lo com alegria, como fez Paulo.

Naturalmente, todos nós sabemos que, mesmo em meio ao sofrimento, Deus irá nos dar tudo o que precisamos. Implícita nessa afirmação, evidentemente, está a crença de que Deus não considera a ausência de sofrimento como uma das nossas necessidades básicas.

Quanto a Bonhoeffer, ele morreu antes de completar quarenta anos, deixando para trás sua noiva. Muitas pessoas acreditam que sua morte tenha sido uma grande perda para a igreja. Mas o próprio Bonhoeffer permaneceu próximo a Deus e sabia que sua morte o traria ainda mais perto de Deus.

Pouco antes de sua morte, ele escreveu um poema, "*Stations on the Road to Freedom*" [Estações na estrada para a liberdade]. Ele dizia que nessa estrada havia três estações. A primeira era a "ação", "ousar fazer o que era correto". A segunda era o "sofrimento". E a terceira era a "morte". Ele escreveu: "Vem agora, tu, o maior dos deleites na jornada para a liberdade eterna".[6] Quando estava sendo levado para o que ele sabia ser sua execução, pediu a um companheiro de prisão, um soldado britânico, que entregasse uma mensagem a seu amigo, o Bispo inglês George Bell: "Diga ao bispo que para mim esse é o fim, mas é

---

[6] Bethge, *Bonhoeffer: An Illustrated Biography*, p. 80.

também o começo. Assim como ele [o bispo] ...eu acredito que nossa vitória é certa".[7]

Em termos de sua contribuição teológica para a igreja, Bonhoeffer continua sendo um dos autores e teólogos cristãos mais lidos e estudados do século vinte. Eu acredito que seria correto dizer que a popularidade de sua obra e a dimensão do seu impacto sobre a igreja foram fatores influenciados por sua morte prematura. Seu sofrimento por certo muito ajudou a igreja.

Eu encerrarei este livro ao repetir, tanto para você quanto para mim, as palavras de Paulo a seu filho espiritual, Timóteo: "Sofre comigo como bom soldado de Cristo Jesus" (2Tm 2.3).

---

[7] Ibid., p. 84.

Esta obra foi composta por
Kelly Christine Maynarte,
usando a fonte Minion,
capa em cartão Ensocoat 250 g/m²,
miolo em off-set 75 g/m²,
impressa pela Imprensa da Fé
em fevereiro de 2009.